Editorial

Journalistischer Hochseilakt: GEO-Redakteur Lars Abromeit (Mitte) folgte den Kletterern Stefan Glowacz und Markus Dorfleitner in die Titlis-Ostflanke

Liebe Leserinnen, liebe Leser,

endlich ganz oben zu stehen, alle Hindernisse bewältigt zu haben, das verschafft eine Befriedigung, die wir im Alltag schwer finden. Nicht nur, weil wir an den Bergen oft die Grenzen unserer Kraft und Psyche überwinden. „Das wahre Geschenk der Berge", schreibt unser Essay-Autor Robert Macfarlane in seinem klugen Buch „Mountains of the Mind", „besteht nicht darin, dass sie uns zum Kampf herausfordern, auch wenn viele sich ihnen so genähert haben. Berge geben uns etwas Sanfteres und unendlich Mächtigeres: Sie machen uns bereit, Wunder zu akzeptieren." Auf den Bergen erleben wir eine Natur, die sich der Mensch noch nicht völlig untertan gemacht hat, eine Wildnis, die uns zum Staunen einlädt und uns die Seele öffnet, in der wir uns gleichzeitig ganz klein und ganz groß fühlen können. Berge ragen aus unserer Zivilisation heraus. Vielleicht empfinden wir sie deshalb gerade heute als so befreiend.

Wir haben dieses Heft bewusst nicht den höchsten Bergen der Erde gewidmet. Sondern Bergen, die den Menschen wichtig sind: Heiligen Bergen wie dem Hua Shan, fast unbezwingbaren wie dem Cerro Torre oder idyllischen, wie sie in den italienischen See-Alpen zu entdecken sind. Und natürlich geben wir Ihnen auch in diesem Heft Tipps, wie Sie Fluchten aus den Niederungen des Alltags am besten planen, sei es als Kurztrip in die Alpen oder als Expedition zu versteckten Klöstern im Himalaya.

Der Ebene entrückt: Heftredakteur Andreas Weber recherchierte auch im äthiopischen Hochland

Viel Spaß bei der Lektüre und in den Bergen wünscht Ihnen

Florian Hanig

(Florian Hanig)

INHALT

Hindukusch
PFAD DURCH DEN HIMMEL
Die Pamir-Kirgisen leben im Norden Afghanistans, in Dörfern, die höher liegen als viele Alpengipfel. Um das Lebensnotwendige zu besorgen, mühen sie sich über mörderische Pässe. Ein Fotograf ist mit ihnen gezogen

Berghotels
ZIMMER MIT WEITBLICK
Sieben Herbergen haben den Luxus auf die Spitze getrieben: Zwischen entlegenen Gipfeln bieten sie einen Logenplatz mit Blick auf die Schönheit der Schöpfung

See-Alpen
WEGE AUS DER STILLE
Auf der Grande Traversata delle Alpi entdecken Wanderer die verwunschenen Berge Piemonts. Natur erobert hier eine urwüchsige Alpenlandschaft zurück, die von vielen Bewohnern verlassen, von Touristen bislang kaum entdeckt wurde

Themen

12 Spiritualität
STUFEN ZUR EWIGKEIT

26 Essay
DER BERG IST IN UNS
Der Autor Robert Macfarlane ergründet, was Menschen in eisige Höhen treibt

32 Freeclimbing
GEGEN DIE WAND

42 Standortbestimmung
DAS KREUZ MIT DEM GIPFEL
Welche Erhebung gilt als Berg, welche ist bloß ein Hügel? Eine Frage, die Lokalpolitiker und Kletterer gleichermaßen umtreibt

46 Pionierreise
AUFBRUCH INS GEISTERREICH

58 Gebirgspflanzen
DIE HÖHE TREIBT SELTSAME BLÜTEN
Es grünt noch auf 6000 Metern: Gewächse überlisten mit viel Körpereinsatz ein lebensfeindliches Klima

62 Berghotels
ZIMMER MIT WEITBLICK

72 Äthiopien
GIPFEL DER NOT

86 Wintersport
SCHNEE ADE

94 Erstbesteigungen
ENTSCHEIDUNG AM CERRO TORRE
Cesare Maestri bezwang Patagoniens unmöglichen Berg – und zerstörte sein Glück

102 Film
KINO IM HÖHENRAUSCH
Comeback eines Genres: Neue Produktionen geben dem Bergfilm seine Seele wieder

106 See-Alpen
WEGE AUS DER STILLE

116 Unterwasserberge
FISCHZUG AM VIERTAUSENDER
Die Oasen der Tiefsee sind kaum entdeckt – und schon droht ihnen Plünderung

122 Hindukusch
PFAD DURCH DEN HIMMEL

12

Äthiopien
GIPFEL DER NOT
Im zerklüfteten Hochland weidet Vieh die letzten Almen kahl. Nur an einem Ort schützt traditionelles Management die Natur – und mit ihr aussterbende Arten wie den Äthiopischen Wolf

72

Freeclimbing
GEGEN DIE WAND
Freikletterer wollen keine Gipfel bezwingen, sondern sich selbst – in immer schwierigeren Wänden erproben sie die Grenzen von Kraft, Akrobatik und Psyche. GEO Special folgte zweien von ihnen auf den Schweizer Titlis

32

Wintersport
SCHNEE ADE
In vielen Alpenorten wird es mit der weißen Pracht bald vorbei sein, glauben Klimatologen. Darum treiben Skizentren ihre Pisten immer höher – und Visionäre träumen von Wellness- und Eventtourismus in künstlichen Indoor-Welten

Spiritualität
STUFEN ZUR EWIGKEIT
Millionen Menschen verehren heute noch Gipfel wie den japanischen Fuji. Sie verkörpern die Grenzen menschlicher Kräfte und verheißen zugleich überirdische Vollkommenheit. Eine Bilderreise

Pionierreise
AUFBRUCH INS GEISTERREICH
Vierzehn Wanderer machen sich auf, die Berge der einsamen sibirischen Republik Tuwa zu entdecken. Protokoll eines durchorganisierten Abenteuers im Land der Schamanen und Naturgeister

46

Rubriken

3 Editorial
6 Habitat
158 Karte
160 Impressum/Fotohinweise
161 Vorschau
162 Wie fühlt man sich eigentlich als …?

Titelbild: Fitz-Roy-Massiv in Patagonien
Fotograf: Ralf Gantzhorn

GEO REISE-SERVICE
DIE GROSSEN BERGE DER ERDE
ORIENTIERUNG 139
WANDERN IN EUROPA 142
KINDER 144
FREECLIMBING 145
MOUNTAINBIKING 146
HEILIGE PFADE 148
PATAGONIEN 150
ALASKA 152
AFRIKA 154
ORIENTIERUNG
BESTE AUSSICHTEN FÜR GIPFELSTÜRMER

Reise-Service

Ausgewählte Gebirgsregionen und Aktivitäten. Die Berge rufen:

16 SEITEN TIPPS FÜR EUROPA UND DIE WELT

138 Orientierung
142 Wandern in Europa
144 Kinder-Kraxeln
145 Freeclimbing
146 Mountainbiking
148 Heilige Pfade
150 Patagonien
152 Alaska
154 Afrika

KUNST AM BERG

Anfang der 1920er Jahre wollte der Architekt Bruno Taut die Alpen umbauen – zum Wohle der Menschheit

VÖLKER, SEHT DIE **KRISTALLE!**

Ganz dicht schwebt das Luftschiff ans Matterhorn heran, fast berührt seine Gondel die riesenhaften Prismen aus gelbem und blauem Glas, die im oberen Drittel des Berges magisch funkeln. Das Schiff dreht ab, verharrt über der Kristallkrone des Breithorns, schon drängen die Passagiere in seiner Gondel zu den Fenstern auf der rechten Seite: Da, über den Wolken! Der Monte Rosa! Wie filigran seine rubinroten Bögen doch sind!

Es ist schwer, sich satt zu sehen an der schönen neuen Alpenwelt, die Bruno Taut, einer der bedeutendsten Pioniere moderner Architektur, Anfang der 1920er Jahren entworfen hat. Tauts Gigantismus, der ganz unbescheiden auf eine völlige Umgestaltung der Alpen hinausläuft, zeigt sich zart und fragil: Schneeblumengleich wachsen kristalline Strukturen über sein Zeichenpapier, formen sich zu kühnen Konstruktionen aus Glas, Stahl und Beton auf den Bergspitzen. Störende Erhebungen denkt Taut einfach weg, ihren Abraum träumt er ins Tal.

Gewaltige Häuser und noch gewaltigere Dome lässt er mit der Tuschfeder entstehen, labyrinthisch und zerbrechlich in ihrer Anmutung. Noch in den unzugänglichsten Gipfelregionen verteilt Taut großzügig farbige Glasspitzen, -kugeln und -bögen. Ist die künstliche Landschaft vollendet, so seine Vision, werden mächtige Luftschiffe über ihr kreisen. An Bord: Menschen, die allein der Blick nach unten glücklich macht.

Taut steht in seiner Zeit nicht allein da mit seinem ausgeprägten Hang zur Utopie. Einige Architekten wollen das Mittelmeer trockenlegen, gar gleich einen neuen Kontinent künstlich erschaffen: Atlantropa. Doch Taut ist noch mehr als seine Kollegen ein gestalterischer und politischer Extremist. Seine „Alpine Architektur" will er nicht als Plan zur Bebauung der Alpen verstanden wissen. 1919 im Hagener Folkwang-Verlag erstmals veröffentlicht, soll sie vielmehr ein in Bildern sprechendes Manifest sein. Gegen den

Kronen der Schöpfung: Mit gläsernen Skulpturen wollte Taut die Gipfel, hier vom Monte Rosa bis zum Matterhorn, überhöhen und den Menschen eine bessere Welt verheißen

Friede durch Kunst: Die zum Bau der »Bergkronen« (oben) und Blütentäler (unten) notwendige Gemeinschaftsarbeit sollte Europas Nationen vereinen

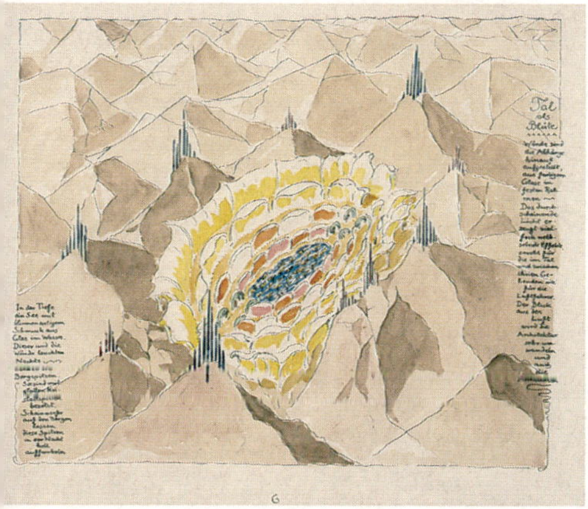

Anders als seine Sozialbauten blieben die Alpenpläne von Taut (rechts um 1930) Utopie

gerade zu Ende gegangenen barbarischen Krieg. Gegen die Materialschlachten, die Europa umpflügten und Millionen von Menschen das Leben kosteten.

Den effektivsten Friedensdienst vermutet Taut in der Selbstverschwendung von Kunst und Architektur. Deutsche, Italiener, Franzosen sollen in einer gigantischen Gemeinschaftsinitiative der europäischen Völker die Alpen zur Kunstlandschaft umwandeln. Jahrelang sollen sie bauen, in unermesslicher Anstrengung Bergspitzen in Form schleifen, tonnenschwere Glasbögen auf die Gipfel wuchten. Verzehren sollen sie sich und ihre Ressourcen für die Schönheit, nicht für den Krieg.

Und die Alpen sind für Taut nur der Beginn. Wenn sie schließlich in Künstlichkeit erstrahlen, hat er schon die Pläne für die Anden bereitliegen – und sogar für ganze Planeten. Architektonisch transformierte Himmelskörper wie „Domstern" und „Grottenstern" schweben schon 1919 vorsorglich in der Unendlichkeit auf Tauts Papier – zu bestaunen aus imaginären Raumschiffen, die es noch nicht gab.

Bis zu seinem Tod 1938 hat Taut nicht die geringste seiner Kühnheiten in den Alpen umgesetzt. Er hat stattdessen Sozialwohnungen in Berlin gebaut, darunter die „Hufeisensiedlung" in Britz und die Waldsiedlung „Onkel Toms Hütte" in Zehlendorf. Immerhin sind Raumschiffe Wirklichkeit geworden – und wie von Taut vorhergesagt: Der Blick nach unten hat ihre Passagiere glücklich gemacht. *Meike Kirsch*

SIEBEN SIEGE

Stufenweise zum Triumph: Wer sich in der Bergsteigerszene einen Namen machen will, muss einen harten Parcours bestehen – einmal auf alle »Seven Summits«, auf die jeweils höchsten Gipfel der Kontinente

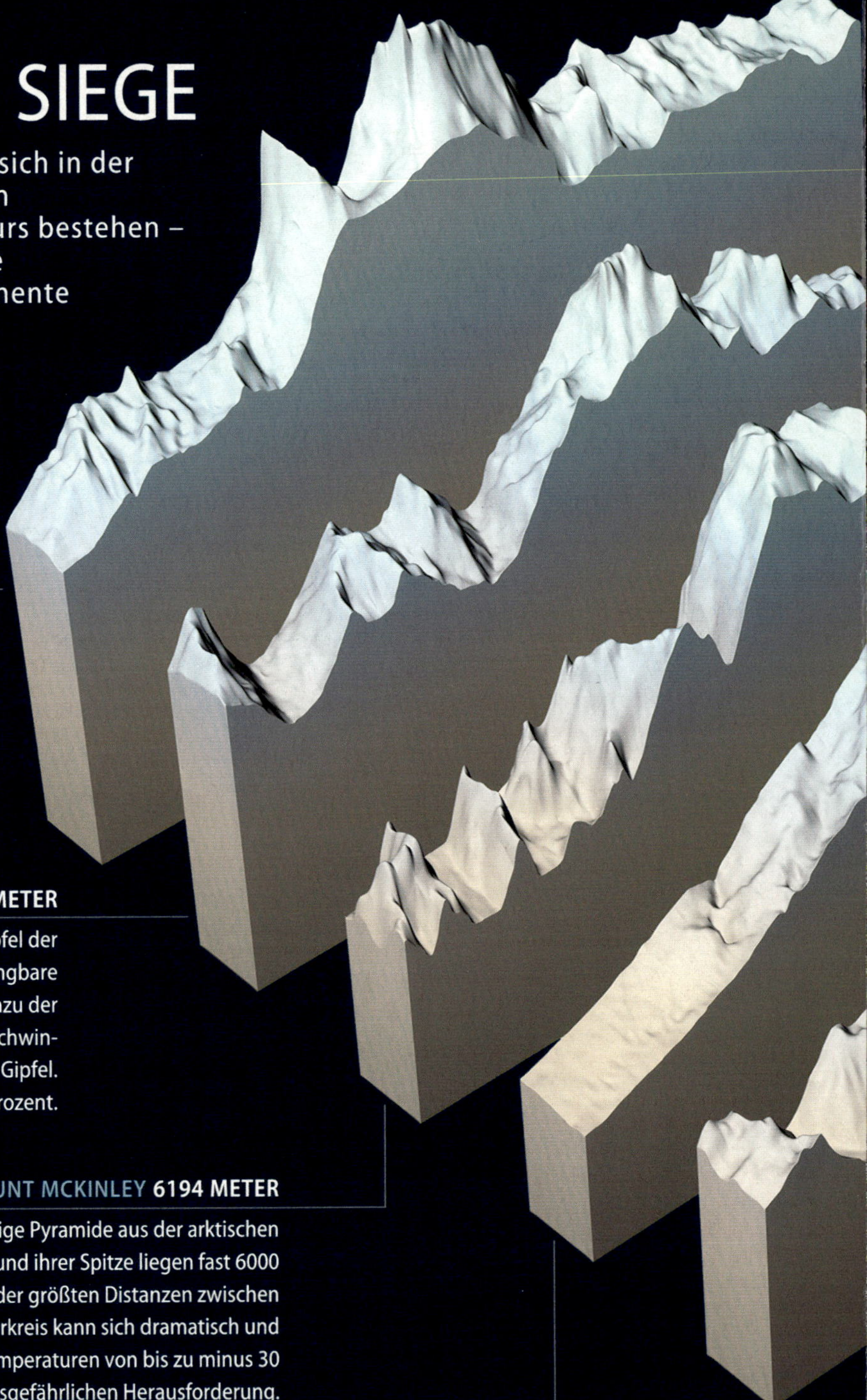

MOUNT EVEREST **8848 METER**

In Nepal nennen ihn die Sherpa Sagarmatha, „Himmelsgöttin". Der Everest ragt in Sphären, für die der Mensch nicht geschaffen ist: Oberhalb von 7000 Metern fehlt die Luft zum langfristigen Überleben. Edmund Hillary und Tenzing Norgay erreichten den Gipfel 1953 mit zusätzlichem Sauerstoff, erst Reinhold Messner und Peter Habeler schafften es 1978 ohne. Mehr als 1500 Menschen haben den Everest inzwischen bestiegen – fast 200 starben bei dem Versuch.

ACONCAGUA **6960 METER**

Keilförmig überragt Südamerikas höchster Berg alle Nachbargipfel der argentinischen Anden. Seine Südseite ist eine nahezu unbezwingbare 2400-Meter-Wand aus Felsen und Eis. Den Aufsteig erschwert dazu der berüchtigte „Viento Blanco", ein Sturm mit extremen Windgeschwindigkeiten. Rund 3000 Bergsteiger messen sich jedes Jahr mit dem Gipfel. Überwiegend vergeblich – die Erfolgsquote liegt unter 50 Prozent.

MOUNT MCKINLEY **6194 METER**

Unvermittelt schroff ragt die gewaltige Pyramide aus der arktischen Tundra Alaskas. Zwischen ihrem Fuß und ihrer Spitze liegen fast 6000 Meter Höhenunterschied – weltweit eine der größten Distanzen zwischen Ebene und Gipfel. Das Wetter hier am Polarkreis kann sich dramatisch und schnell ändern. Tagelange Stürme bei Temperaturen von bis zu minus 30 Grad machen jede Besteigung zur lebensgefährlichen Herausforderung.

KILIMANDSCHARO **5895 METER**

Der Kilimandscharo ist von allen Seven Summits der zugänglichste. Den schlafenden Vulkan in den Ebenen der Massai-Steppe besuchen jährlich rund 50 000 Besucher. Diese Massen hinterlassen Spuren am eisbedeckten Tropenberg. Erodierte Wege, für Feuerholz kahl geschlagene Waldflächen und Müllhaufen schmälern das Naturerlebnis.

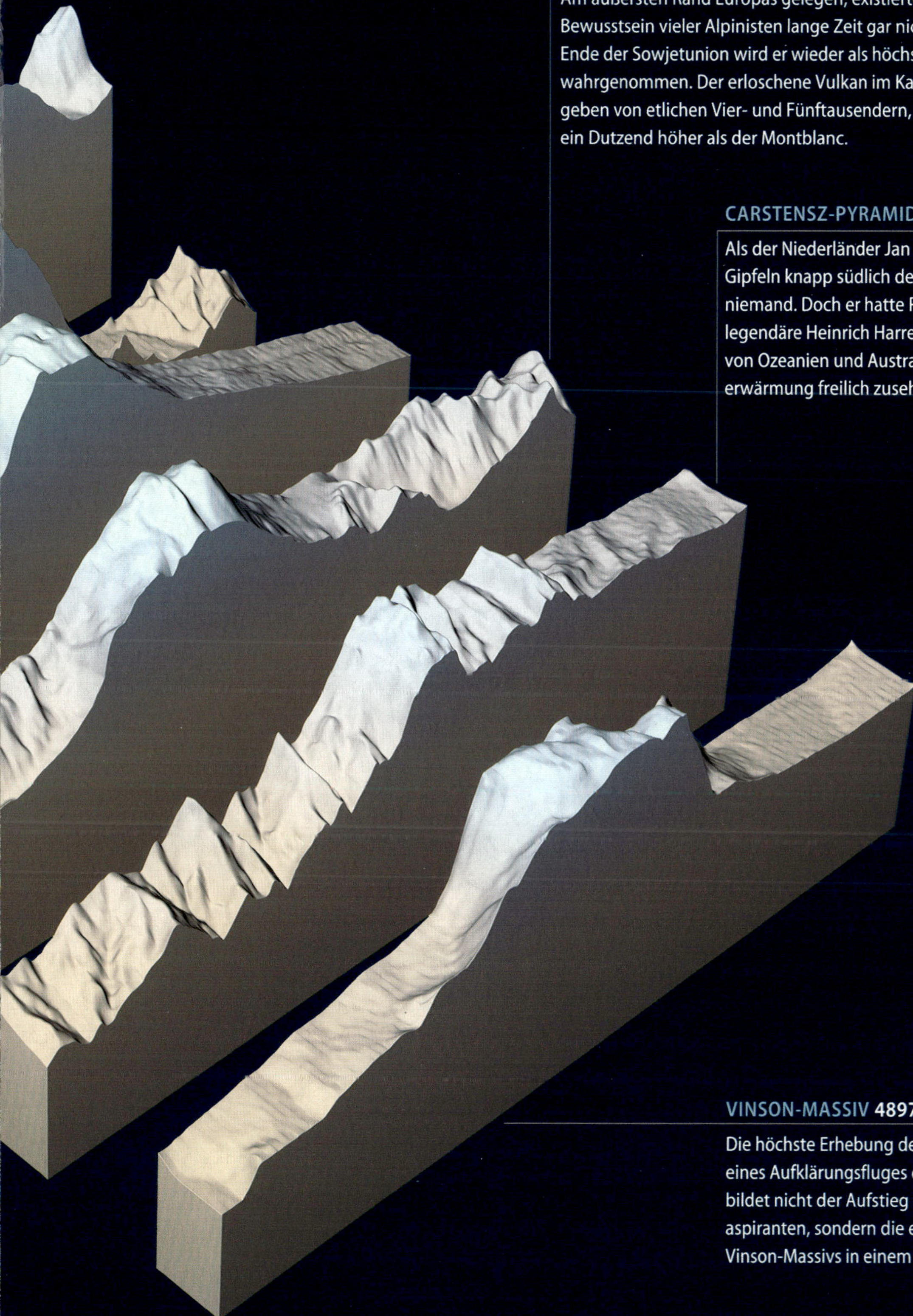

ELBRUS **5642 METER**

Am äußersten Rand Europas gelegen, existierte der Elbrus im Bewusstsein vieler Alpinisten lange Zeit gar nicht. Erst mit dem Ende der Sowjetunion wird er wieder als höchste Erhebung wahrgenommen. Der erloschene Vulkan im Kaukasus ist umgeben von etlichen Vier- und Fünftausendern, davon sind ein Dutzend höher als der Montblanc.

CARSTENSZ-PYRAMIDE **5033 METER**

Als der Niederländer Jan Carstensz 1623 von schneebedeckten Gipfeln knapp südlich des Äquators berichtete, glaubte ihm niemand. Doch er hatte Recht. Fast 350 Jahre später stand der legendäre Heinrich Harrer als erster auf dem höchsten Gipfel von Ozeanien und Australien, der heute aufgrund der Klimaerwärmung freilich zusehends seine Gletscher einbüßt.

VINSON-MASSIV **4897 METER**

Die höchste Erhebung der Antarktis wurde erst 1957 während eines Aufklärungsfluges der US-Marine entdeckt. Heute bildet nicht der Aufstieg selbst das größte Hindernis für Gipfelaspiranten, sondern die extreme Abgeschiedenheit des Vinson-Massivs in einem Meer von Polareis.

www.mercedes-benz.de 042.FP04 S&FB
Sprungturm
Veranda
Pferdestall
Wohnzimmer
Schlaf-
zimmer
Küche
Mercedes-Benz – eine Marke von DaimlerChrysler

MACHAPUCHARE _ Himalaya _ Nepal, 6997 Meter

STUFEN ZUR **EWIGKEIT**

Seit frühester Zeit gelten Berge als heilig: Mächtig und unverrückbar, verkörpern die Pyramiden aus Fels und Eis die Grenze menschlicher Kräfte; und verheißen zugleich ein Reich überirdischer Vollkommenheit. Wie der Machapuchare, Sitz des »Buddha des Grenzenlosen Lichts«, dessen Gipfel bis heute kein Kletterer ersteigen durfte.

Wie eine Erscheinung schwebt der heiligste Berg der Hindus und Buddhisten über der wüstenartigen Hochebene Tibets. Für die Gläubigen liegt hier der Nabel der Welt. Verwitterte Stupas und kleine Gebetstempel markieren das geweihte Land

KAILASH _ Transhimalaya _ Tibet, 6714 Meter

Warmes Licht taucht die Täler und Grate des Hua Shan in sanfte Gelbtöne. Der »Berg der Fünf Blumen« gilt seit mindestens 2000 Jahren als heilig – zunächst verehrten Anhänger von Naturreligionen, später auch Taoisten, Konfuzianer und Buddhisten seine fünf zerklüfteten Gipfel

HUA SHAN _ Provinz Shaanxi _ China, 2200 Meter

MATTERHORN _ Walliser Alpen _ Schweiz, 4478 Meter

Germanen und Kelten verehrten Alpengipfel als Sitz höherer Mächte. Die Menschen im Mittelalter dagegen glaubten, dass die baumlosen Grate und dunklen Bergseen Hexen und Dämonen beherbergten – bis die Romantik die wilde Alpennatur als Ort des Erhabenen wiederfand

Das Volk der Chagga achtete den höchsten Gipfel Afrikas als Inkarnation der Fruchtbarkeit. Anders als bei den niedrigeren Bergen der Umgebung regnen an den Hängen des Kilimandscharo die Wolken ab und wässern üppige Wälder

MOUNT MCKINLEY, USA _ Alaska Range _ 6194 Meter

Denali, der »Hohe«, heißt Nordamerikas mächtigster Gipfel bei Indianern. Ehrfurcht verbietet ihnen jedoch, sich offen über die Majestät seiner gewaltigen Gletscherkappe zu äußern. Deren Ausläufer durchziehen das Massiv der Alaska Range wie gefrorene Fjorde

Schroff und unzugänglich brechen die Zwillingsspitzen Cuerno Principal und Cuerno Este zwischen Gletscherseen und Krüppelgewächsen hervor. Die Felsen, so eine Sage der Indios, waren einst Krieger, die von der bösen Schlange Cai Cai zu Stein verwandelt wurden

CUERNOS DEL PAINE _ Patagonien _ Chile, 2600 und 2200 Meter

Der BERG ist in uns

Gebirge sind nicht nur Fels. Sie sind auch das, was der Mensch in sie hineindenkt. Galt ihre Schroffheit einst als Tummelplatz der Dämonen, sind die weißen Gipfel heute Projektionsflächen für Ideale der Reinheit und Schönheit, für die manche sogar den Tod riskieren

TEXT: ROBERT MACFARLANE

Ich war zwölf Jahre alt und bei meinen Großeltern im schottischen Hochland zu Besuch, als ich zum ersten Mal auf eine der großen Bergsteigergeschichten stieß: „Kampf um den Everest", ein Bericht von der britischen Expedition 1924, bei der George Mallory und Andrew Irvine verschwanden.

Mein Bruder und ich verbrachten den Sommer im Haus der Großeltern. Es war von der kalten mineralischen Luft der Highlands erfüllt, und jede Fläche, die man berührte, fühlte sich kühl an. Wenn wir aßen, lag das massive Besteck schwer und kalt in unseren Händen. Wenn wir abends schlafen gingen, waren die Betten eisig. Ich wühlte mich so tief hinein, wie es nur ging. Das Einschlaglaken zog ich mir über den Kopf, um einen Hohlraum zu erzeugen, in den ich ein- und ausatmete, so tief ich konnte, bis das Bett sich erwärmt hatte.

Eines Nachts konnte ich nicht schlafen und ging hinunter, um mir etwas zu lesen zu holen. Die eine Seite des Flurs nahm ein langes Regal ein, in dem die Bücher übereinander gestapelt lagen. Aus einem Stoß zog ich fast wahllos einen dicken grünen Band hervor, wie einen Ziegelstein aus einer Mauer, und ging damit ins Wohnzimmer. Im hellen Mondlicht setzte ich mich auf die breite steinerne Fensterbank und begann mit dem „Kampf um den Everest".

Das eine oder andere wusste ich schon von meinem Großvater, der mir von der Expedition erzählt hatte. Aber dieses Buch mit seinen ausführlichen Beschreibungen, seinen 24 Schwarz-Weiß-Fotografien, seinen ausfaltbaren Landkarten mit so fremdartigen Ortsnamen wie Östlicher Rongbuk-Gletscher, Dzongpen von Shekar, Lhakpa La war unvergleichlich eindrucksvoller als sein Bericht. Ich las mich fest und war bald weit fort, im Himalaya. Ich sah die endlosen Schotterebenen Tibets sich bis zu den fernen weißen Gipfeln hinziehen, sah den Everest selbst als dunkel ragende Pyramide, die Sauerstoffflaschen auf den Rücken der Bergsteiger, mit denen sie aussahen wie Taucher, sah die mächtigen Eiswände am Nordsattel, die sie mit Seilen und Leitern erklommen – und endlich das aus Schlafsäcken gelegte schwarze T vor Lager VI. Es zeigte jenen, die mit Fernrohren die Gipfelregion beobachteten, an, dass Mallory und Irvine verschollen waren.

Eine Passage ergriff mich mehr als alle anderen. In ihr beschreibt Noel Odell, der Geologe der Expedition, wie er Mallory und Irvine zum letzten Mal gesehen hatte: „Auf einmal lichteten sich die Wolken über mir, und ich sah Gipfelgrat und Hauptgipfel des Everest unverhüllt. Weit entfernt, auf einem schneebedeckten Anstieg zu einer Stufe, die mir die vorletzte vor der Gipfelpyramide zu sein schien, bewegte sich ein winziger Punkt. Ein zweiter Punkt folgte. Während ich die dramatische Erscheinung beobachtete, zog sich der Himmel zu ..."

Immer wieder las ich diese Stelle und wünschte mir nichts sehnlicher, als einer dieser beiden winzigen Punkte zu sein, die in der dünnen Luft ums Überleben kämpften.

Zwölf Jahre später – zwölf Jahre, in denen ich fast alle meine Ferien in den Bergen verbracht hatte, suchte ich mir einen Kletterpartner, einen Freund aus der Armee namens Toby Till, und buchte Flüge für eine Woche in den Alpen.

Anfang Juni trafen wir in Zermatt ein. Wir hofften, das Matterhorn besteigen zu können. Aber der Berg war noch in einen dicken Eispanzer gehüllt: zu gefährlich, einen Versuch zu wagen. Also fuhren wir weiter ins nächste Tal, wo die Schneeschmelze, wie es hieß, schon weiter sein sollte. Wir wollten auf das Lagginhorn, nahmen uns vor, möglichst hoch oben zu übernachten und am anderen Morgen über den einfachen Südostgrat den Gipfel in Angriff zu nehmen.

In der Nacht schneite es. Ich lag wach und lauschte den schweren Flocken, die auf das Überdach unseres Zelts fielen. Sie verklumpten und bildeten dunkle Kontinente aus Schatten auf dem Stoff, bis sie für die abschüssige Zeltbahn zu schwer wurden und mit leisem

Rascheln abrutschten. Als wir um sechs Uhr morgens den Reißverschluss der Zeltklappe öffneten, blickten wir in ein wenig vertrauenerweckendes, gelbliches Gewitterlicht zwischen den Wolken. Wir hatten kein gutes Gefühl, als wir uns auf den Weg machten.

Am Grat angelangt, mussten wir feststellen, dass er schwieriger war, als er von unten ausgesehen hatte. Das Problem war der alte Firnschnee, der sich gut einen Meter dick auf dem Felsen türmte und auf dem sich noch einmal 15 Zentimeter locker-klebriger Neuschnee geschichtet hatten.

Statt einfach von Fels zu Fels zu klettern, mussten wir uns mühsam durch den Schnee arbeiten und konnten nie sicher sein, ob unter dem aufgesetzten Fuß Stein war oder Luft. Es gab auch keine Spuren, die uns den Weg wiesen: Offensichtlich war seit dem letzten Sommer niemand mehr hier oben gewesen. Außerdem war es schneidend kalt. Meine Nase lief, und die Rinnsale froren mir gleich am Gesicht fest.

Nach zweistündiger Qual war der Gipfel nicht mehr weit, doch der Anstieg wurde immer steiler – und wir kamen immer langsamer voran. Die Kälte spürte ich tief in den Knochen. Auch mein Hirn schien langsamer zu arbeiten, irgendwie verwischt, als hätte die Kälte den Denkprozess einfrieren lassen. Natürlich, wir hätten umkehren können. Aber wir stiegen weiter.

Die letzten 15 Meter waren höllisch steil. Der Berg war tief unter altem, unsicherem Schnee verborgen, und es sah so aus, als könnte er sich jeden Augenblick seines weißen Mantels entledigen. Ab und zu sausten schon kleine Lawinen an mir vorbei.

Ich drehte mich um und schrie zu Toby hinunter, der sechs oder sieben Meter unter mir in der Wand hing: „Sollen wir weitergehen? Das sieht wirklich nicht gut aus hier!"

Unter ihm verengte sich der Hang zu einer Rinne, die auf den Steilabbruch an der Südseite des Grats zuführte. Wenn ich den Halt verlor oder der Schnee unter mir nachgab, würde ich an Toby vorbeirutschen, ihn mitreißen und mit ihm gemeinsam nach ein paar hundert Metern im freiem Fall auf dem Gletscher aufschlagen.

„Natürlich gehen wir weiter!", rief Toby zurück.

„Gut."

Ich hatte nur einen Eispickel, aber der Hang war so steil, dass ich zwei gebraucht hätte. Improvisation war angesagt. Ich nahm also den Pickel in die linke Hand und machte die Finger der Rechten so steif wie möglich, um sie in den Schnee zu rammen und als Haken zu gebrauchen. Nervös begann ich zu steigen.

Der Schnee hielt, mein Behelfspickel erwies sich als brauchbar, und auf einmal standen wir beide oben auf einem Gipfel, der nicht größer war als ein Küchentisch. Wir klammerten uns an das aus dem Schnee ragende eiserne Gestänge des Gipfelkreuzes, gelähmt vor Furcht und hellauf begeistert zugleich. Ringsum klaffte der Abgrund – es war, als balancierten wir auf der Spitze des Eiffelturms. Die Wolken hatten sich gelichtet, und die frühmorgendliche Düsternis war einem gleißend weißen Licht gewichen. Hunderte Meter unter uns entdeckte ich unser Zelt als gelben Punkt. Aus dieser Höhe verschwamm der Gletscher, den wir tags zuvor überquert hatten, zu einem Muster aus zweidimensionalen, blassen Mäandern. Ich sah winzige Schmelzwassertümpel, die sich in den Hohlräumen dazwischen gebildet hatten und mich blendeten wie Spiegel im Sonnenlicht. Ihre Bläue war atemraubend. Im Westen floss das Licht der aufgehenden Sonne die Flanken der Mischabel-Kette hinab.

Wir waren gelähmt vor Furcht und BEGEISTERT zugleich

Der Wind war schneidend, er peitschte meine Wangen, bis sie taub wurden. Eisig fuhr er mir in den bis oben zugezogenen Anorak.

Ich blickte auf meine Hände. Beim Aufstieg hatte ich dünne Handschuhe getragen, aber nachdem ich die Hand immer wieder in den eisharten Schnee gerammt hatte, um Halt zu finden, waren am rechten Handschuh drei Fingerspitzen verschwunden. Die Finger darunter spürte ich nicht mehr. Eigentlich spürte ich die ganze Hand nicht mehr, wie mir bewusst wurde, seltsamerweise ohne eine Spur von Beunruhigung. Die Fingerspitzen waren weißlich gelb und schimmerten wächsern wie alter Käse.

Wir machten uns an den Abstieg. Rasch und effizient kamen wir voran, bis wir auf das letzte Hindernis stießen: eine Schneebrücke, eine sehr dünne, durchhängende Schneebrücke, die sich, vielleicht neun Meter lang, wie ein Laken zwischen zwei Felsnasen spannte. Die Brücke war viel zu steil und zerbrechlich, als dass wir sie hätten überqueren können, aber sie zu umrunden war ebenso unmöglich. Also blieb uns nichts anderes übrig, als uns an ihrer Flanke entlang zu tasten, ohne zu wissen ob das ganze Gebilde nicht plötzlich einstürzen und uns mit in die Tiefe reißen könnte.

Zentimeterweise, die Steigeisen in den Schnee gerammt, wagte ich mich in die nahezu senkrechte Wand hinein. Wenn ich einen Fuß in die Flanke bohrte, schob ich den Schnee vor mir her wie nassen Zucker. Zwischen meinen gespreizten Beinen blickte ich ins Nichts. Wieder stieß ich das Eisen in den Schnee, und plötzlich löste sich ein großer Brocken, stürzte, drehte sich im Fallen › mehrmals um sich selbst und zerfiel. Ich hing in der Luft, hielt mich über dem Kopf am Eispickel fest, und sah ihm nach. In meinem Hintern begann ein Prickeln, das sich nach vorn zu den Leisten ausbreitete und auf die Schenkel übergriff. Bald war mein gesamter Unterleib ein einziger summender, schwirrender, heißer Schwarm Furcht.

V**or 300 Jahren** galt es noch als schierer Wahnsinn, auf einen Berg zu steigen und dabei sein Leben aufs Spiel zu setzen. Damals konnte sich kaum jemand vorstellen, dass die Wildnis irgendeinen Reiz bergen könnte. Im Denken des 17. und frühen 18. Jahrhunderts wurde die Landschaft vor allem danach beurteilt, inwieweit sie ertragreich war. Wiesen, Obstgärten, Weiden, schwere Ackerböden – das waren die idealen Bestandteile. Anziehend war die gezähmte, urbar gemachte Natur. Noch 1791 schrieb der Autor und Landschaftsmaler William Gilpin, dem gemeinen Menschen erscheine die Wildnis wenig verlockend. „Es gibt kaum jemanden, der nicht das geschäftige Treiben des Ackerbaus den rauen Werken der Natur vorzieht." Berge, die wildesten Werke der Natur, waren nicht nur untauglich für die Landwirtschaft, sondern auch in ästhetischer Hinsicht abstoßend: Ihre gewaltigen, zerklüfteten Umrisse galten als schädlich für den natürlichen Gleichmut der Seele. Die höflicheren Menschen des 17. Jahrhunderts bezeichneten die Berge missbilligend als „Wüsteneien". Gebräuchlich waren aber auch Ausdrücke wie „Furunkel auf dem Antlitz der Erde", „Warzen", „Geschwulste" und „Wucherungen". Inspiriert von vaginalen Talfurchen, sprach mancher auch von „Schamteilen der Natur".

Gebirge galten als Warzen, Furunkel, SCHAMTEILE der Natur

Außerdem waren die Berge ein höchst gefährlicher Aufenthaltsort. Man war überzeugt, dass Lawinen schon von so geringfügigen Anlässen ausgelöst würden wie einem Husten oder dem Schwingenschlag eines Vogels, der niedrig über einem tief verschneiten Hang dahinglitt. Berge mussten um jeden Preis umgangen werden, hieß es allgemein. Weiträumig, mit gebührendem Abstand zu ihrem Fuß, wenn es denn sein musste – und für viele Händler, Soldaten, Pilger, Missionare musste es sein –, auf keinen Fall aber über ihre Gipfel hinweg.

Doch in der zweiten Hälfte des 18. Jahrhunderts änderte sich diese Einstellung: Zum ersten Mal begannen die Menschen nicht mehr nur aus reiner Notwendigkeit die Berge aufzusuchen, und mit der Zeit setzte sich die einhellige Überzeugung von der Pracht und Schönheit der Gebirgslandschaft durch. 1786 wurde der Gipfel des Montblanc erobert, und um die Mitte des 19. Jahrhunderts kam das Bergsteigen im eigentlichen Sinn auf, zusätzlich gerechtfertigt durch wissenschaftlichen Erkenntnisdrang (in der Frühzeit des Bergsports erklomm kein Kletterer, der auf sich hielt, einen Gipfel, ohne wenigstens Wasser zum Kochen zu bringen und ein Thermometer hineinzuhalten). Die komplexe Ästhetik von Eis, Sonnenlicht, Fels, Höhe, senkrechten Linien und reiner Luft – was John Ruskin, der englische Schriftsteller und Maler, die „endlose Klarheit des Raums, die immerwährende Wahrhaftigkeit des ewigen Lichts" nannte – empfand der Mensch des späteren 19. Jahrhunderts als fraglos wunderbar und berauschend. Die Berge begannen eine starke und häufig verhängnisvolle Anziehungskraft auf die menschliche Seele auszuüben. „Die Wirkung dieses sonderbaren Matterhorn auf die Fantasie ist so ungeheuerlich", behauptete Ruskin 1862 von seinem Lieblingsberg, „dass selbst die ernsthaftesten Philosophen sich ihr nicht zu entziehen vermögen." Drei Jahre später war das Matterhorn erstmals bestiegen; vier der erfolgreichen Gipfelstürmer stürzten beim Abstieg in den Tod.

Um die Jahrhundertwende waren sämtliche Alpengipfel erobert – vor allem von Engländern – und nahezu alle Alpenpässe kartographiert. Das so genannte Goldene Zeitalter des Alpinismus war vorbei. Europa galt allgemein als passé, und die Bergsteiger richteten ihr Interesse nun auf die gewaltigeren Gebirgsketten, wo sie sich extremen Härten und noch größeren Risiken aussetzten, um nach den Gipfeln des Kaukasus, der Anden, des Himalaya zu greifen – dem Ushba, Popocatépetl, Nanga Parbat, dem Chimborazo und dem Kazbek.

Um die Jahrhundertwende war die Macht der höchsten Berge auf die Fantasie so stark, dass sie vielen zur Besessenheit wurde. 1892 verfolgte ein atemloses Publikum in der Londoner „Times" begierig das wechselvolle Schicksal von Martin Conways kühner Expedition zum Gasherbrum im Karakorum. Und schließlich der Everest, der höchste und mächtigste von allen – er verzauberte ganz Großbritannien, das ihn im Grunde als *seinen* Berg betrachtete. Unter den Verzauberten war auch George Mallory, dessen Tod kurz unter dem Gipfel die Nation in Trauer stürzte.

D**ie Gefühle und Geisteshaltungen,** von denen die frühen Bergsteiger angetrieben wurden, wuchsen ungehindert weiter, ja sie sind heute unverrückbarer denn je in der Fantasie verwurzelt. Millionen von Menschen frönen dem Kult der Berge. Das Vertikale, das Wilde, das Eisige – das sind Landschaftsformen, die inzwischen geradezu verehrt werden. Tief sind ihre Bilder in eine urbanisierte ›

NEVER LOSE YOUR SPIRIT.
K MF 4795
Abb. zeigt X-TRAIL Sport
X-TRAIL

westliche Kultur eingedrungen, die immer unersättlicher nach Wildnis- und Wildheitserfahrungen giert. In den letzten 20 Jahren war der Bergsport eine der Freizeitbewegungen mit dem größten Zulauf. An die zehn Millionen Amerikaner gehen jedes Jahr klettern, weitere 50 Millionen wandern. In Deutschland zählt man bis zu 200 000 Klettersportler. Der Umsatz an Outdoor-Erzeugnissen und -Veranstaltungen wird hierzulande auf 2,5 Milliarden Euro geschätzt.

Was das Klettern unter allen Sportdisziplinen heraushebt, ist die Tatsache, dass er lebensgefährlich bleibt. Im Sommer 1997 starben in den Alpen innerhalb von sieben mörderischen Wochen 103 Menschen, und allein am Montblanc-Massiv ist die durchschnittliche Zahl der jährlichen Opfer beinahe dreistellig. In manchen Wintern kommen in den schottischen Bergen mehr Menschen um als auf den Straßen ringsum.

Der Everest war, als Mallory ihn bestieg, jene Bastion der Erde, die sich noch nicht hatte erobern lassen. Heute ist er ein gigantisches, aufgetakeltes Taj Mahal, eine kunstvoll glasierte Hochzeitstorte, an deren Flanken professionelle Veranstalter jedes Jahr Hunderte von bergunerfahrenen Kunden hinauf und wieder hinunter schleppen.

Im Verlauf von 300 Jahren hat sich also ein tiefgreifender Wandel in der Wahrnehmung der Berge vollzogen. Eigenschaften wie Steilheit, Ödnis, Gefährlichkeit, deretwegen das Gebirge einst geschmäht wurde, haben sich in Anziehungskräfte verwandelt.

So radikal war die Umkehr, dass sie uns heute, im Nachhinein betrachtet, eine Wahrheit vor Augen führt:

Wir sehen nicht die realen Berge, sondern unser BILD von ihnen

Unsere Reaktionen auf Landschaften sind zum größten Teil kulturell bedingt. Wenn wir eine Naturszenerie betrachten, sehen wir nicht nur, was da ist, sondern was wir zu sehen meinen. Wir schreiben ihr auch Eigenschaften zu, die sie nicht von selbst besitzt, und beurteilen sie entsprechend. Mit anderen Worten, wir lesen Landschaften, wir interpretieren ihre Formen nach Maßgabe eigener Erfahrung und Erinnerung und im Licht unseres gemeinsamen kulturellen Gedächtnisses. Die Wildnis wird – wie alles andere – durch einen Assoziationsfilter wahrgenommen. William Blake, ebenfalls ein Dichter und Landschaftsmaler, hat diese Wahrheit auf den Punkt gebracht. „Der Baum", schrieb er, „der den einen zu Freudentränen rührt, ist für den anderen nur ein grünes Ding, das im Wege steht." Dasselbe gilt historisch für die Berge. Jahrhunderte lang galten sie als nutzloses Hindernis. Nun werden sie als erlesene Erscheinungsformen der natürlichen Welt interpretiert, und die Menschen sind bereit, aus Liebe zu ihnen zu sterben.

Was wir einen Berg nennen, ist in Wahrheit nichts anderes als das Zusammenwirken der physischen Formen der Welt und der menschlichen Vorstellungskraft – ein Berg der Seele. Und das Verhalten der Menschen gegenüber dem Berg hat wenig mit den tatsächlichen Gegebenheiten von Eis und Fels zu tun. Zwar ist eine mehr oder minder tiefe Kluft zwischen innerer und äußerer Wirklichkeit ein Merkmal aller menschlichen Auffassungen, doch der tiefste Spalt tut sich zweifellos dort auf, wo es um die Berge geht. Stein, Fels und Eis fühlen sich für die Hand weitaus weniger angenehm an, als sie dem geistigen Auge erscheinen. Und die Berge der Erde haben sich oft als widerspenstiger, als verhängnisvoll realer erwiesen als die Berge der Seele. Wie ich auf dem Lagginhorn begriff, sind die Berge, die man betrachtet, über die man liest, von denen man träumt und die man begehrt, nicht dieselben wie jene, die man besteigt. Letztere sind harter, steiler, scharfkantiger, so konkret und leibhaftig, dass sich einem der Magen umdreht, der Blutdruck hochschnellt. Sie sind Übelkeit und Frostbeulen – und unaussprechliche Schönheit.

Es gibt einen Brief von Mallory, den er im Jahr 1921 vom Everest an seine Frau Ruth schrieb. Die Vorhut der Expedition lagerte 15 Meilen vom Berg entfernt. Es war ein unwirtlicher Ort; kalt, ausgesetzt und gepeitscht von einem Sturm, der in niederträchtigen Böen zwischen den Felsen hindurch fegte. Mallory hatte diesen Tag, den 28. Juni, mit einer ersten Annäherung an den Berg verbracht, auf dem er drei Jahre später umkommen sollte. Es war anstrengend gewesen: Um 3.15 Uhr auf den Beinen und erst nach 8 Uhr abends wieder zurück, hatte Mallory viele Kilometer über Gletschereis, Moränen und Felsen zurückgelegt. Zweimal war er in einen Eistümpel gestürzt. Als der Tag zu Ende war und Mallory erschöpft in seinem beengten Zelt lag, schrieb er im körnigen Licht einer Sturmlampe den Brief nach Hause. In den letzten Absätzen versuchte er seiner Frau die Gemütsverfassung zu beschreiben, in der er sich befand: „Der Everest hat die steilsten Grate und die entsetzlichsten Abgründe, die ich je gesehen habe", schrieb er. „Aber, mein Liebes, ich kann dir nicht sagen, wie sehr er von mir Besitz ergriffen hat." ❙

Robert Macfarlane, 28, spürt der Gipfel-Faszination in verschiedenen Annäherungen nach: als Kletterer, als Literaturwissenschaftler in Cambridge und als Autor. Macfarlanes Buch „Mountains of the Mind", dem dieser Text gekürzt entnommen ist, gewann 2003 den Somerset Maugham Award. Im Mai 2005 erscheint die deutsche Fassung „Berge im Kopf" im Zürcher AS Verlag. Barbara Schaden hat den Text übersetzt.

Leben an den Fingerspitzen: Stefan Glowacz und sein Seilpartner Markus Dorfleitner in der schwierigsten Passage der Titlis-Ostflanke, einer Steilwand in der Zentralschweiz

GEGEN DIE WAND

Der Gipfel eines Berges ist ihnen egal, nur sollte der Weg dorthin möglichst beschwerlich sein: Freikletterer, die Puristen des Bergsports, suchen in der Vertikalen nach den Grenzen der menschlichen Kraft, Akrobatik und Psyche. GEO Special begleitete zwei von ihnen beim Versuch, die Ostwand des Titlis zu bezwingen

TEXT: LARS ABROMEIT FOTOS: KLAUS FENGLER

Nur ein paar Zentimeter noch. Langsam balanciert Stefan Glowacz den rechten Fuß zur Seite, ertastet mit den Zehen einen winzigen Vorsprung im Fels. Verlagert sein Gewicht, zieht das linke Bein nach, presst die Hände auf zwei abschüssige Leisten im Kalk. Gleich müsste er höher treten können, gleich schon den rettenden Griff erreichen. Aber das Blut pumpt bereits schwer durch seine Unterarme, die Finger verkrampfen, die Füße zittern. Und Glowacz fällt.

Er saust in die Tiefe, den Gletschern entgegen, bis das Seil ihn nach drei, vielleicht vier Metern fängt. Keuchend, leise fluchend, pendelt er über dem Abgrund. Einen Moment lang bleibt er hängen, den Kopf leicht gesenkt, in sich gekehrt. Dann ruft er seinem Seilpartner Markus Dorfleitner zu, dass alles in Ordnung sei, schwingt zurück an die Wand – und probiert es erneut. Irgendwie muss diese Stelle doch zu überwinden sein.

Es ist kühl geworden. Dichte Nebelschwaden kriechen von Süden ins Tal hinein und verwandeln die Sonne in einen Vollmond, der fahl hinter den Wolken hervorschimmert. Keine 100 Meter weit kann man noch den Fels hinaufschauen, der sich über den Kletterern wie eine brechende Welle wölbt: ein 500 Meter hoher, überhängender Wall aus schwarzem, grauem, marmornem Kalk- und Gneisgestein, aus brüchigen Stufen und glatt polierten Platten. Die Titlis-Ostwand.

Ganz oben, am 3239 Meter hohen Gipfel, markiert der Titlis die Grenze zwischen zwei Welten: An den seichten Gletschern seiner Westseite, nur ein paar hundert Meter von Glowacz und Dorfleitner entfernt, breitet sich eines der größten Skigebiete der Zentralschweiz aus. Eine Gondel fährt bis knapp unters Gipfelkreuz. Und selbst im Sommer stehen die Lifte nicht still.

Die Titlis-Ostwand hingegen ist vollkommen einsam und rau – und bis heute ein Mysterium: Sie ragt so steil und abweisend aus dem Eis auf, dass es noch kein Mensch auf dieser Route hinaufgeschafft hat.

Seit gut einer Stunde hängen Glowacz und Dorfleitner nun an der schwierigsten Passage dieser Wand fest, gut 150 Meter über den Gletschern. Ihre Ausrüstung baumelt an zwei in den Fels gebohrten Haken; und abwechselnd steigt einer der beiden – während der andere ›

Strahlende Versuchung: Majestätisch erhebt sich die Titlis-Ostwand über dem Tal. Noch nie zuvor ist ein Mensch hier hinaufgestiegen – bis Glowacz und Dorfleitner eine kletterbare Linie im Fels entdeckten

SCHWIERIGKEIT IN ZAHLEN: DIE »LETZTE AUSFAHRT TITLIS« IM INTERNATIONALEN VERGLEICH

Kletterer sind ihre eigenen Schiedsrichter – und messen ihre Leistung nach einer weltweit gültigen Skala, die derzeit bis zum 11. Schwierigkeitsgrad reicht. Bei der Erstbegehung der Titlis-Ostwand ordneten Glowacz und Dorfleitner die anspruchsvollsten Passagen im 10. Grad ein – eine Bewertung, die inzwischen von zwei anderen Seilschaften bestätigt wurde

sichert – ein Stück weit hinauf in den gewaltigen Überhang. Noch wissen sie nicht, wie sie die knapp 20 Meter bis zum nächsten sicheren Standplatz bewältigen sollen. Denn nur wenige, von unten kaum zu erkennende Vorsprünge bieten in diesem Wandabschnitt Halt: Stufen so schmal wie der Rand einer Münze. Winzige Dellen im Gestein. Abfallende Kanten, die bloß den Fingerspitzen Platz lassen.

In immer neuen, artistischen Bewegungen versuchen die Kletterer, sich durch dieses Labyrinth kleinster Griffe und Tritte hindurchzuschlängeln. Manche Stellen säubern sie, um später nicht abzurutschen, mit einer Zahnbürste – und markieren sie mit weißem Magnesiapulver. Und doch wirft der Fels sie immer wieder ab.

Erst nach drei, vier vergeblichen Anläufen gelingt es Stefan Glowacz schließlich, die heikle Passage erstmals zu überwinden. Zufrieden lächelnd kommt er aus dem Nebel herabgeseilt: Es könnte klappen, sagt er. Schon morgen vielleicht.

Glowacz und Dorfleitner üben noch: Erst in den nächsten Tagen werden sie sich daran wagen, die gesamte Titlis-Ostwand in einem Zug zu bezwingen. Die beiden vertrauen sich blind, kennen sich schon, „solange man denken kann“, sind in Garmisch-Partenkirchen zusammen aufgewachsen. Markus Dorfleitner, 33, hat neben seiner Arbeit in einer familieneigenen Glaserei bereits zahlreiche klassische Alpenrouten bezwungen. Und Stefan Glowacz, 39, zählt seit Jahren zu den besten Freikletterern der Welt. Einige der renommiertesten Wettkämpfe hat der gelernte Werkzeugmacher und Vater dreier Kinder gewonnen, einige der schwersten großen Sportkletterrouten der Alpen durchstiegen. Er lebt von Sponsorengeldern und Vortragsreisen; und auf Expeditionen in Grönland, Kenia oder Patagonien sucht er immer wieder nach neuen, unbekannten Felstürmen.

Die 500-Meter-Wand am Titlis haben Glowacz und Dorfleitner in 13 Etappen aufgeteilt. Jede davon wird mindestens einer von ihnen „frei“ bewältigen müssen: darf Seile und Haken also nur als Sicherung verwenden, aber nicht, um sich daran hochzuziehen.

Natürlich könnten sie leichter zum Gipfel kommen. Doch für Freikletterer wie Glowacz und Dorfleitner kommt es darauf nicht an. Für sie zählt weder die Höhe noch der Gipfel eines Berges, sondern allein die Herausforderung, mit bloßen Händen durch die Vertikale zu steigen. Niemals würden sie mit Sauerstoffmasken einen 8000er hochstapfen, Wurfanker über Gipfelgrate schießen, Steilwände mit Leitern pflastern. Denn mit technischer Hilfe, so sagen sie, ließe sich schließlich fast jeder Berg der Erde bezwingen. Und letztendlich führe die Materialschlacht bloß zum Verrat an den eigenen Grenzen der Akrobatik, der ›

Ausdauer, des Wagemuts. Freikletterer predigen stattdessen den Verzicht: Nur aus eigener Kraft wollen sie versuchen, möglichst steile, möglichst ausgesetzte, möglichst glatte Felswände hinaufzusteigen. Ganz gleich, ob diese zehn oder 1000 Meter hoch sind.

Die Idee ist nicht neu: Bereits um 1900, als in den Alpen die meisten berühmten Gipfel bezwungen waren, begannen Bergsteiger in ganz Europa, sich auf dieses puristische Spiel mit der Schwerkraft zu konzentrieren. Im Elbsandsteingebirge der Sächsischen Schweiz etwa entwickelten Pioniere, die noch mit Seilen und Latschen aus Hanffasern am Fels emporturnten, schon 1913 erste Gesetze des Freikletterns. Bis heute dürfen in Sachsen zur Zwischensicherung lediglich Bandschlingen, nicht aber Klemmkeile aus Metall eingesetzt werden, und selbst der Griff zum Magnesiapulver, mit dem sich Kletterer die Hände einpudern, um im Fels besser Halt zu finden, gilt im Elbsandsteingebirge als Sakrileg.

In den Alpen haben sich solch strenge Regeln zwar niemals durchsetzen können, doch auch hier meldeten sich bereits vor den Weltkriegen erste Freikletterer zu Wort. Der Österreicher Paul Preuß etwa verdammte 1911 sogar das Abseilen aus einer Wand, weil „ein Aufstieg ohne das Bewusstsein, alles auch im Abstieg frei gehen zu können“, doch „ein Kampf mit ungleichen Waffen“ sei, „unritterlich, unsportlich“. In den 1920er und 1930er Jahren knüpften zahlreiche Alpinisten an die Preuß'sche Philosophie an und verzichteten zumindest beim Aufstieg darauf, Tritte in den Fels zu schlagen oder Seile über höher gelegene Felsschuppen zu werfen, um sich daran hinaufzuziehen.

In der Nachkriegszeit allerdings kehrte die Technikgläubigkeit in die Berge zurück: Die „Linie des fallenden Tropfens“ galt als Vorbild, und die talentiertesten Bergsteiger Europas strebten vor allem danach, Steilwände mit möglichst direkt zum Gipfel führenden, aus Haken zusammengehämmerten „Direttissima“-Routen zu erobern.

Das Freiklettern entwickelte sich währenddessen vor allem in den USA weiter – und wurde dort zum Fundament eines alternativen Lebensstils, zu einem Kult, wie er in ähnlicher Form auch das Surfen umrankt. Hunderte von Aussteigern bewohnten im kalifornischen Yosemite Valley, am Fuße des mehr als 1000 Meter hohen Granitmonolithen „El Capitan“, die Zeltstadt „Camp IV“ – und suchten in der Vertikalen nach Freiheit und Selbsterkenntnis. Sie erfanden neue Sicherungsgeräte, Trainingstechniken und Kletterschuhe mit besonders gut haftenden Gummisohlen und drangen auf Wegen, die sie „Astroman“, „Magic Mushroom“, oder „Separate Reality“ nannten, in immer schwierigere, immer steilere Wände vor. Yosemite wuchs zu einem Mekka der Szene heran, in das europäische Spitzenkletterer wie Reinhard Karl, Wolfgang Güllich, Jerry Moffat oder Kurt Albert während der 1970er Jahre pilgerten. Sie trugen die neu gewandete Idee des ›

1+2: In einer Biwakhütte, nur wenige hundert Meter von der mächtigen Abbruchkante des Titlis entfernt, warten die Kletterer auf stabiles Wetter – und durchsteigen die Wand dutzendfach in Gedanken.
3+4: Am 4. Juli ist es endlich so weit: Nur mit dem Nötigsten ausgerüstet, brechen Glowacz und Dorfleitner auf, die Ostwand zu bezwingen

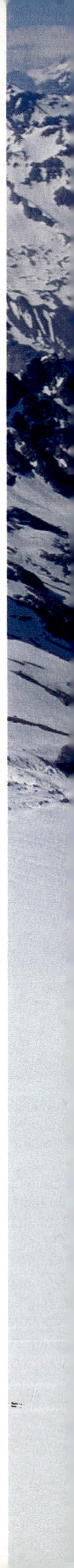

Am Rande der Kräfte: Ausgelaugt, die letzten Reserven mobilisierend, mühen sich Glowacz und Dorfleitner durch den oberen Wandteil – als winzige Punkte in einem Meer aus Kalk und Gneis

Mehrere Wochen benötigen die Kletterer und ihr Freund Peter Anzenberger (unten links), um die Titlis-Ostwand mit Bohrhaken für die Erstbegehung zu präparieren

„Freeclimbing“ aus Kalifornien zurück in die alte Welt – und entwickelten sie weiter.

Kurt Albert etwa begann in der Fränkischen Schweiz, jede Route, die er geklettert hatte, ohne sich auch nur ein einziges Mal im Seil auszuruhen, mit einem roten Punkt zu markieren. Die Idee machte Schule – und bis heute gilt nach dem Ehrenkodex des Sportkletterns rund um den Globus eine Route nur dann als „gemacht“, wenn sie „rotpunkt“ durchstiegen wurde.

Die Grenze des Möglichen ist in der Kletterkunst seither immer schneller verschoben worden: Wurde in den Alpen noch bis 1977 der 6. Schwierigkeitsgrad offiziell als oberstes Maß für besonders glatte und gefährliche Wände angesehen, so meistern heute, dank entsprechender Ausrüstung und Absicherung, schon viele Wochenendkletterer Touren dieser Kategorie. Und die Spitzensportler im Fels, die täglich trainieren, haben bereits die obere Grenze des 11. Grades erreicht.

Überall auf der Welt, von Australien über Thailand bis nach Alaska, werden ständig neue Wege im Gestein erschlossen. Und die Gipfelstürmer der Großstadt testen Kraft, Artistik und Höhenangst in Kletterhallen, in denen die Wände mit bunt markierten Kunststoffgriffen gepflastert sind (siehe Reiseservice Seite 144).

Längst hat sich das Freiklettern auch in einzelne Disziplinen aufgespalten: Manchen Spezialisten etwa genügt es, beim so genannten „Bouldern“ extrem kraftraubende Bewegungsabläufe ausschließlich an Felsklötzen auszuprobieren, die keine Seilsicherung erfordern, weil sie nur wenige Meter hoch sind. Andere Kletterer konzentrieren sich auf Wettbewerbe in der Halle. Und wieder andere eilen 600-Meter-Wände, für die normale Alpinisten drei Tage bräuchten, in weniger als zwei Stunden hinauf.

Puristen lehnen auch Schuhe als unnötiges Hilfsmittel ab – und klettern barfuß. Und die tollkühnsten Asketen schließlich verzichten in „Free solo“-Projekten sogar auf Haken und Seil, um die letzten Grenzen von Kraft und Psyche auszuloten – und sich von der Angst beflügeln zu lassen.

Auch Stefan Glowacz ist früher ungesichert geklettert, damals, „als wir uns noch für unsterblich hielten“ – bis ihm einmal ein vermeintlich fester Griff aus der Wand brach und er aus acht Metern Höhe zu Boden stürzte. Glowacz hatte Glück, zertrümmerte sich bloß die Ferse. Seitdem aber nimmt er auch in leichteren Routen immer ein Seil mit.

Am Titlis haben er, Dorfleitner und ihr Freund Peter Anzenberger die gesamte Wand im voraus mit Bohrhaken präpariert. Und trotzdem: Es gibt Stellen, an denen man nicht stürzen dürfe, sagen sie. Denn die Haken seien mitunter so weit voneinander entfernt, dass man mit etwas Pech auf einem Felsvorsprung aufprallen könnte.

Am nächsten Morgen, um 5.30 Uhr, als bloß noch ein paar Wolkenfetzen im Himmel treiben, beschließen die Kletterer, den Aufstieg zu wagen. Trockene Kälte liegt über den Gletschern, und am Horizont glüht die Ostwand des Titlis, von den ersten Sonnenstrahlen erleuch- ›

3 JAHRE GARANTIE
bzw. max. 100.000 km gemäß Geschäftsbedingungen
www.landrover.de · Infoline: 0 180 5 - 10 88 55 (€ 0,12/min)
gramm.de
WISSEN SIE EIGENTLICH, WIE SCHWER ES IST, UNTERSCHIEDLICHES TERRAIN ZU BEHERRSCHEN?
LAND ROVER
LR 2100
MÜSSEN SIE AUCH NICHT.
DER NEUE DISCOVERY MIT TERRAIN RESPONSE™.
DER NEUE DISCOVERY Eis, Sand, Felsen, Schlamm und Asphalt haben wir nicht erfunden – aber die Technik dafür. Mit dem intelligenten Copiloten TERRAIN RESPONSE™ stellen Sie den Neuen DISCOVERY per Drehschalter auf jeden Untergrund ein. So bleiben Sie selbst unter härtesten Bedingungen ganz entspannt. Mit viel Platz für 7 Erwachsene. Testen Sie Ihn bei Ihrem Land Rover Partner.
LAND ROVER
GO BEYOND™

Lebenslinie: Fixseile helfen den Kletterern, schwierige Passagen im mittleren Teil der Wand einzustudieren – und bringen sie am Ende schnell und sicher wieder zurück auf den Boden

tet, in majestätischem Gold. Ein letztes Mal noch überprüfen Glowacz und Dorfleitner mit dem Fernglas die heikelsten Kletterpassagen. Aus Schneeablagerungen im oberen Wandteil läuft Schmelzwasser in breiten Tränenbändern über die Felsplatten.

„Bis wir da oben sind, ist das trocken", meint Glowacz schließlich – und packt Helm, Seil und Sicherungshaken, Windjacken, Trinkflasche, ein paar Müsliriegel zusammen. Es geht los.

Die ersten 150 Meter der Wand bewältigen die Kletterer schnell. In fließenden Zügen steigen sie durch den Fels, gleiten scheinbar mühelos immer weiter nach oben. Erst als sie am unteren Teil der schwierigsten, entscheidenden Passage angelangt sind, legen sie eine erste Pause ein. Glowacz übernimmt die Führung. Bedächtig tastet er sich voran, die Kraft jeder Bewegung präzise dosierend. Immer wieder verharrt er kurz, greift zum Magnesiabeutel und schüttelt einen Arm aus, um nicht zu verkrampfen. Es sieht aus, als würde ihm diesmal auf Anhieb der Durchstieg gelingen. Weiter, immer weiter tanzt er durch den Fels. Und schon scheint er über das Gröbste hinweg zu sein, als er plötzlich doch den Halt verliert – und stürzt.

Auch beim zweiten Versuch scheitert Glowacz an derselben Stelle. Und beim dritten, so erzählt er später, weiß er schon zu Beginn, dass dies sein letzter sein wird. Denn seine Kraftreserven sind beinahe aufgebraucht, seine Fingerkuppen blutunterlaufen; und dabei haben er und Dorfleitner noch mehr als die Hälfte des Weges vor sich. Ein Mal aber will Glowacz es noch probieren, ein Mal noch kämpft er sich bis zur schicksalshaften Traverse hinauf. Er weiß, dass seine Chance, die Crux diesmal zu überwinden, mit jedem Augenblick schwindet, den er an den winzigen Griffen des Felsdaches pausiert. Und fast will er schon aufgeben, als ihm, kurz vor der entscheidenden Stelle, ein Gedanke in den Kopf schießt, der die Angst vor dem Scheitern noch einmal verdrängt: Wenn es jetzt gelingt, musst du es niemals wieder tun.

Und da bleibt der Fuß haften, Glowacz steigt weiter. Und schafft es.

Sechs Stunden später, als die Sonne bereits tief über der Bergsilhouette im Westen steht, erreichen Glowacz und Dorfleitner den Gipfelgrat. Sie fallen sich in die Arme, schreien die Freude, der Titlis-Ostwand endlich den Nimbus des Unmöglichen genommen zu haben, bis nach unten ins Tal hinab.

Vollkommen ausgelaugt, aber strahlend vor Glück, kehren sie zur Hütte zurück. Sie taufen die Route auf den Namen „Letzte Ausfahrt Titlis" und ordnen sie im 10. Schwierigkeitsgrad ein. Und während sie reden, ist in ihren Gesichtern zu lesen, dass für einen Moment alle Strapazen, alle Gedanken des Alltags vergessen sind. Dass sie leer sind. Zufrieden.

Vielleicht ist es dieses Gefühl, das die Kletterer im Fels suchen. Das sie immer weiter von Wand zu Wand treibt. Das zur Droge werden kann und den Gipfel entbehrlich macht. Weil Menschen wie Glowacz und Dorfleitner eigentlich keine Berge bezwingen – sondern sich selbst. **I**

Fotograf **Klaus Fengler**, 41, hat sich schon häufig in schwindelerregende Perspektiven gewagt, um Glowacz und andere Extremsportler zu begleiten. GEO-Redakteur **Lars Abromeit**, 30, war zum ersten Mal bei einer solchen Tour dabei. Er folgte den Kletterern im Training 150 Meter die Wand hinauf – und war froh, sie beim Durchstieg von der Hütte aus beobachten zu können.

Unser Lächeln
erwartet Sie...
Türkei

DAS KREUZ MIT DEM **GIPFEL**

Was macht einen Berg zum Berg? Doch ab welcher Höhe ist er mehr als ein Hügel? Und welcher Zacken zählt schon als selbstständige Spitze? Antworten auf Fragen, die Forscher, Kletterer und Kirchturmpatrioten quälen

TEXT: ALEXANDRA RIGOS

Es sind oft die einfachsten Fragen, auf die man keine Antwort weiß, Fragen wie: Papa, warum ist der Himmel blau? Oder: Was, zum Beispiel, ist eigentlich ein Berg?

„Ein Berg ist eine Erhebung in der Landschaft", erklärt das Internet-Lexikon Wikipedia. „Berge sind meist höher und schroffer als Hügel." Nun ja, aber was ist ein Hügel? „Ein Hügel ist eine mittelgroße Erhebung in der Landschaft", so die Definition in Wikipedia. „Er ist kleiner als ein Berg, aber normalerweise größer als ein Fels oder eine Bodenwelle."

Der Berg wäre demnach eine Sache des subjektiven Empfindens. Ein Radfahrer, soweit er nicht an der Tour de France teilnimmt, nennt gewöhnlich jede kleine Steigung Berg, während ein Mann vom Schlage Appa Sherpas, der kürzlich zum 14. Mal den Mount Everest bestieg, die Zugspitze vermutlich als Hügel, wenn nicht gar als Bodenwelle wahrnehmen würde.

Eine objektive Bestimmung findet sich auch nicht im Standardwerk „Allgemeine Geologie" der beiden US-amerikanischen Professoren Frank Press und Raymond Siever. „Wir können für diesen Begriff keine genauere Definition angeben", bedauern die Forscher, „als die, dass ein Berg eine große Gesteinsmasse ist, die sich deutlich über ihre Umgebung erhebt."

Damit scheiden zwar Müll-, Butter- und Aktenberge aus, schließlich bestehen sie nicht aus Gestein. Doch der Begriff bleibt vage – was vor allem für Bergsteiger frustrierend ist. Wie sollen sie sichergehen, dass die Erhebung, die sie stolz in ihr Gipfelbuch eingetragen haben, auch wirklich die Spitze eines Berges war – und nicht nur ein unbedeutender Zacken auf einem Grat? Das Problem ist nicht trivial: Je nach Strenge der Kriterien gibt es etwa in den Alpen 61 Viertausender zu erobern – oder aber 101. Der prominente US-Bergsteiger Gerry Roach, der die „Seven Summits", die jeweils höchsten Gipfel aller Kontinente, erklommen hat, empfiehlt daher eine pragmatische Herangehensweise: Eine Erhebung soll dann als Gipfel gelten, wenn sie den Sattel, der sie von ihren Nachbarn trennt, um mindestens 300 Fuß überragt, also etwa um 90 Meter.

Das ist natürlich eine willkürlich gewählte Zahl. Zu welchen Wirrnissen derartige Festlegungen führen können, zeigt der Kinofilm „Der Engländer, der auf einen Hügel stieg und von einem Berg herunterkam". Hugh Grant als englischer Landvermesser stürzt darin ein kleines walisisches Dorf in eine Identitätskrise, als er die Höhe von dessen Hausberg ermittelt. Mit 984 Fuß ist der Ffynnon Garw zu niedrig, um auf den „Ordnance Survey"-Karten ihrer Majestät als Berg aufzutauchen. Das mögen die Waliser nicht auf sich sitzen lassen. Sie graben ihren Dorfanger und schließlich sogar das Rugbyfeld auf, um mit dem Aushub ihren Hügel zu einem richtigen Berg aufzustocken.

Zwar gehört diese Geschichte in das Reich der Lokalmythen, doch spielen sich solche Provinzpossen durchaus auch in der realen Welt ab. So stellte die Schweizer Gemeinde Saas Grund 1988 ein Baugesuch, um das 3993 Meter hohe Fletschhorn auf 4001 Meter zu erhöhen. Die Bürger des Örtchens konnten sich nicht damit abfinden, dass neue Messungen den Gipfel, der bis 1952 mit 4001 Metern verzeichnet war, unter die Viertausender-Grenze gedrückt hatten. Nach lautstarken Protesten wies der Kanton Wallis das Ansinnen wegen ökologischer Bedenken ab.

PARROTSPITZE (SCHWEIZ, 4432 METER)

Ohne großes Aufsehen schaffte man hingegen Mitte der 1990er Jahre eine gut einen Meter dicke Granitplatte auf den Brocken, damit dieser endlich seine auf allen Karten vermerkten 1142 Meter erreichte. Ein preußischer Landvermesser hatte im 19. Jahrhundert die Höhe des sagenumwobenen Bergs im Harz fehlerhaft ermittelt.

Die Legende vom walisischen Hügel, der zum Berg wurde, regte allerdings die Geographen Peter Fisher und Jo Wood von der Universität von Leicester an, sich dem Thema mit komplizierten mathematischen Modellen zu nähern. Nicht nur was ein Berg ist, sei unbestimmt, so die Forscher, sondern auch, wo er anfange und aufhöre. Daher lasse sich nicht einmal zweifelsfrei festlegen, welches die höchste Erhebung der Welt sei. Misst man vom Meeresspiegel aus, liegt der Mount Everest vorn; betrachtet man jedoch die absolute Höhe vom Fuß des Berges zum Gipfel, so überragt ihn der Mauna Kea auf Hawaii um etliche Hundert Meter. Mehr als die Hälfte dieses gewaltigen Schildvulkans liegt unter Wasser. Wählt man schließlich den Erdmittelpunkt als Bezugsgröße, muss der Chimborazo in Ecuador als höchster Berg der Erde gelten – denn in den Tropen ist die Oberfläche weiter vom Zentrum des Planeten entfernt.

So gewaltig und ewig die Gipfel auch wirken mögen – ihre zeitlose Ruhe ist paradoxerweise ständiger Veränderung unterworfen. Berge resultieren aus der Unbeständigkeit des vermeintlich so festen Bodens unter unseren Füßen. Die äußere, zwischen 100 und 200 Kilometer dicke Gesteinsschale der Erde, die Lithosphäre, zerfällt nämlich in sieben große und ein paar kleinere Bruchteile, die sich ständig gegeneinander verschieben. Diese Erkenntnis hat Mitte des 20. Jahrhunderts die Geowissenschaften so revolutioniert wie Darwins Evolutionslehre einst die Biologie: Dass der Erdboden dauernd in Bewegung ist, war dem Gros der Forscher noch vor einigen Jahrzehnten so absurd erschienen wie den Menschen des 19. Jahrhunderts der Gedanke, Mensch und Affe seien miteinander verwandt.

Der mythische Berg Avalons ist vermessungstechnisch nur ein Hügel: Glastonbury Tor (Somerset, England)

Die Platten treiben wie Flöße auf tiefer liegenden Gesteinsschichten, die zwar fest, aber sehr heiß und deshalb fließfähig sind. Einige dieser Flöße haben gleichsam als Fracht einen Kontinent – oder Teile davon – an Bord, während andere, etwa die riesige Pazifische Platte, vorwiegend den Meeresgrund bilden. Weil das Erdinnere wärmer ist als es die äußeren Schichten sind, kreisen dazwischen Konvektionsströme. Diese gewaltigen, zähen Wirbel setzen nach Ansicht der meisten Geophysiker die auf dem Mantel treibenden Bruchstücke in Bewegung.

Stoßen nun zwei mit Kontinenten beladene Flöße aufeinander, schieben sich die Gesteinsmassen wie ein Tischtuch zu Falten zusammen. Auf diese Weise hebt sich bis heute der Himalaya in der Knautschzone von Indisch-Australischer und Eurasischer Platte, die sich mit einer Geschwindigkeit von vier bis fünf Zentimetern pro Jahr ineinander verkeilen. Ähnlich splitterten auch die Alpen aus mehreren kollidierenden Steinflößen hervor.

Da die Kontinente hauptsächlich aus Granit bestehen und somit leichter sind als das Basaltgestein ozeani- ›

MOUNT KATAHDIN (MAINE, USA, 1605 METER)

scher Schollen, steigen beim geologischen Crash solcher unterschiedlichen Elemente die Landmassen wie Schaum empor, während sich der schwere Ozeanboden nach unten schiebt und allmählich abschmilzt.

Mit dramatischem Ergebnis spielt sich das vor der Westküste Lateinamerikas ab, wo die vergleichsweise kleine Nazca-Platte unter die Südamerikanische Platte rutscht: Am Rand des Kontinents recken sich die Anden auf beinahe 7000 Meter hoch, während vor der Küste ein 8000 Meter tiefer Ozeangraben gähnt.

Einige der majestätischsten Berge der Welt fallen in eine andere Kategorie. Sie sind keine trägen, zusammengeschobenen Steinhaufen, sondern höchst aktive und hitzige Gebilde: Vulkane. Sie säumen die Plattengrenzen, weil in diesen instabilen Zonen immer wieder glühendes Magma an die Oberfläche quillt. So wachsen veritable Riesen gen Himmel, wie etwa der 6960 Meter hohe Aconcagua in Argentinien.

Etwa fünf Prozent der Vulkane tanzen allerdings aus der Reihe: Sie sitzen nicht an den Plattengrenzen, wo man sie erwarten würde, sondern thronen stattdessen mitten auf einer Platte – dort also, wo eigentlich tektonische Ruhe herrschen sollte. Zu den so genannten Intraplatten-Vulkanen gehören zum Beispiel die Gipfel Hawaiis. Vermutlich verbergen sich unter diesen Bergen geheimnisvolle „Hot Spots" im Erdinneren – gewissermaßen Kamine, durch die andauernd Magma aufsteigt. Die Platten ziehen über diese anscheinend ortsfesten Schwachstellen im Erdmantel hinweg – zurück bleibt im Laufe der Zeit eine lange Spur von Narben – erloschene Vulkane, die über Jahrmillionen verwittern.

Denn noch während ein Berg in die Höhe strebt, ist seine Demontage bereits in vollem Gang. Das kann manchmal ziemlich schnell gehen, wie im Fall des Mount St. Helens im US-Bundesstaat Washington: Seine verheerende Eruption im Jahr 1980 sprengte den Gipfel weg, sodass der Vulkan 350 Höhenmeter verlor.

Normalerweise sind die weniger spektakulären Kräfte der Verwitterung am Werk: Chemische Reaktionen zermürben das Gestein, Frost und Wurzeln sprengen es, Gebirgsbäche tragen Geröll bergab. Obendrein schrammen Gletscher wie gigantische Hobel über die Bergflanken. Ein nur wenige hundert Meter breiter Eisstrom kann im Jahr so viel Gestein talwärts befördern wie 300 große Lastwagen im pausenlosen Einsatz. Erst Erosion gibt einem Gebirge sein charakteristisches Gesicht, seien es die bizarren Kalkfelsen der Dolomiten oder die spiegelglatt geschliffenen Granithänge im kalifornischen Yosemite Valley.

Im Zeitraffer konnten Bergsteiger solch natürliches *terraforming* im Sommer 2003 in den Alpen beobachten. Das heiße Wetter ließ den sonst in großer Höhe ganzjährig vereisten Boden zerfließen wie Eis am Mittag, Massen von normalerweise festgefrorenem Geröll traten die polternde Reise talwärts an. Pittoreske Felsnadeln und Pfeiler knickten weg; im italienischen Bernina-Gebiet stürzte der Anstieg zu einer gerade erst renovierten Berghütte ab und ließ eine glatte Felswand zurück. Im Juni 2004 kollabierte einer der legendären Cinque Torri in den Dolomiten, der 50 Meter hohe Torre Trephor.

Wenn der Berg bröckelt, wird er zwar einerseits niedriger. Andererseits aber wächst er dabei paradoxerweise auch wieder ein Stückchen. Weil sich ein Gebirge nämlich im Schwimmgleichgewicht mit dem Erdmantel befindet, hebt es sich um eine Winzigkeit in die Höhe, wenn es Gewicht verliert. Wie bei einem Eiswürfel im Cocktailglas ragt nur die Spitze des Gebirgsstocks aus dem zähfließenden Gestein darunter heraus. Der Rest verbirgt sich in den Tiefen des Erdinneren.

Damit aber bleibt der Berg der menschlichen Erkenntnis gleich doppelt unzugänglich: Er lässt sich nicht definieren – und ist auch noch größtenteils unsichtbar. ▌

Wenn Autorin **Alexandra Rigos**, 36, nicht auf Tiroler Gipfel klettert, holt sie sich Inspiration am Berliner Parnass, dem Kreuzberg.

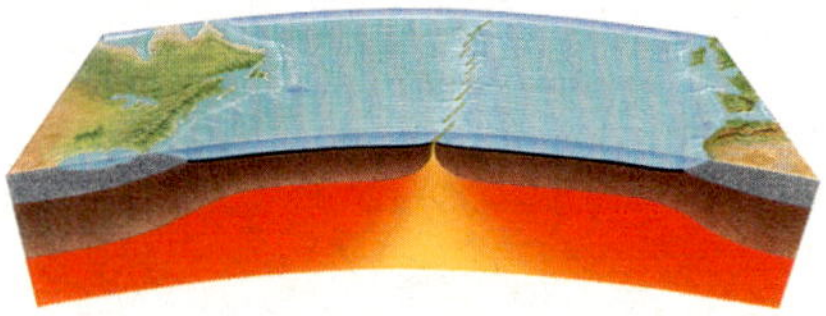

Riss im Tiefseeboden: Im Mittelatlantik türmt sich erkaltendes Magma zu einem Bergrücken auf, wo Nordamerikanische und Eurasische Platte auseinander driften

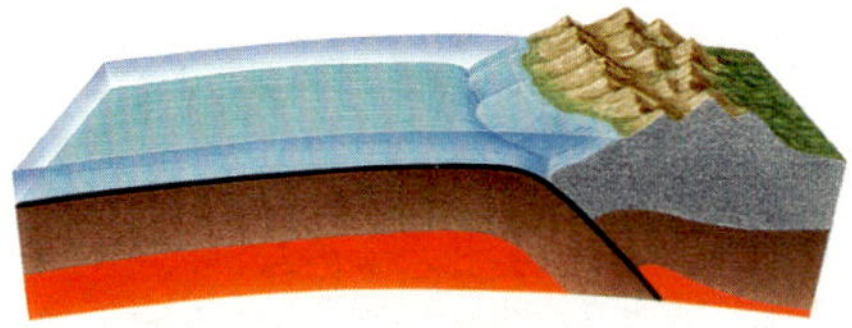

Durch Kollision emporgehoben: Wenn sich eine schwere ozeanische unter eine leichtere kontinentale Platte schiebt, wachsen Küstengebirge wie die Anden empor

Knautschzone der Kontinente: Beim Zusammenstoß zweier gleich schwerer Platten falten sich gewaltige Gebirge auf, wie der Himalaya oder die Alpen

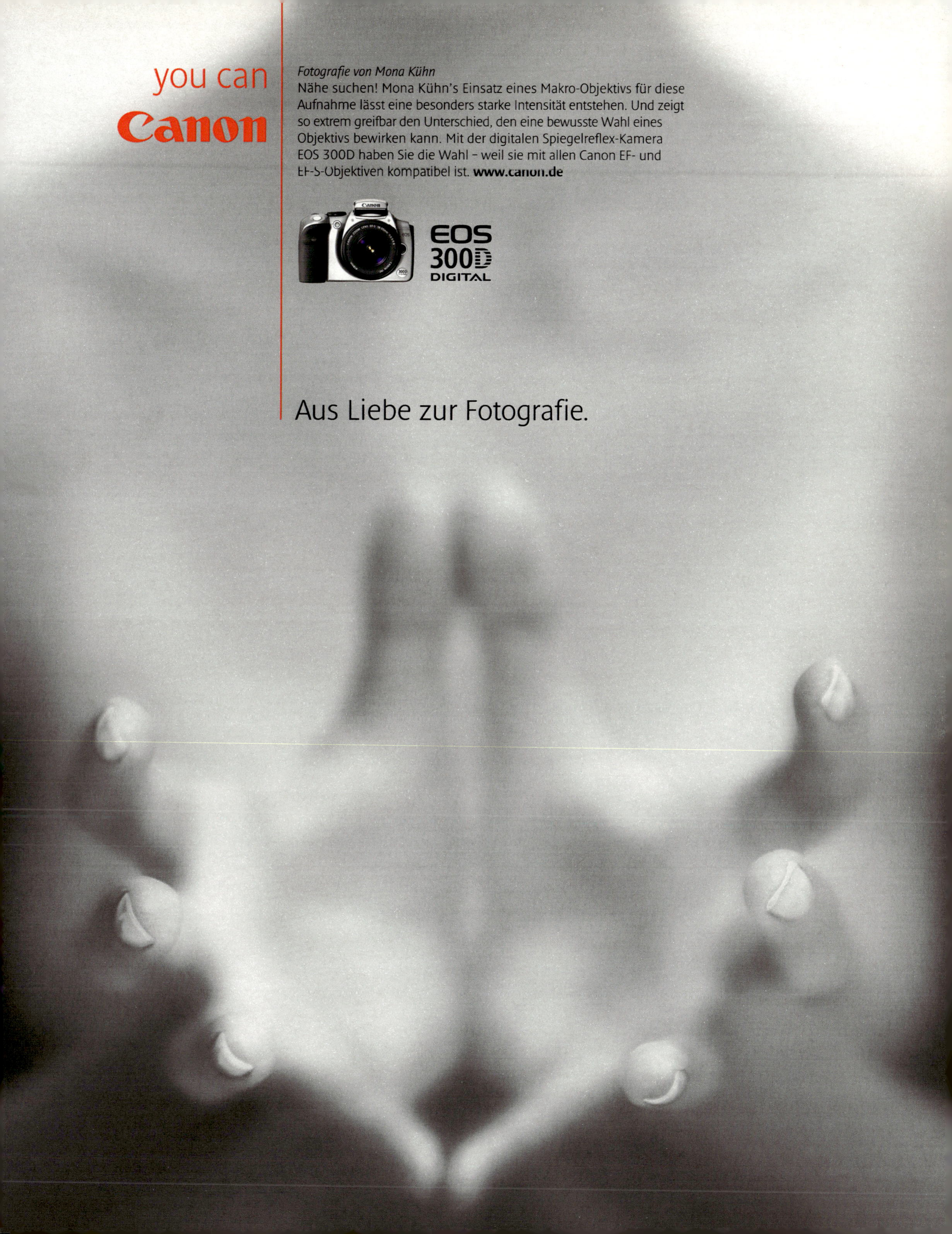
you can
Canon
Fotografie von Mona Kühn
Nähe suchen! Mona Kühn's Einsatz eines Makro-Objektivs für diese Aufnahme lässt eine besonders starke Intensität entstehen. Und zeigt so extrem greifbar den Unterschied, den eine bewusste Wahl eines Objektivs bewirken kann. Mit der digitalen Spiegelreflex-Kamera EOS 300D haben Sie die Wahl – weil sie mit allen Canon EF- und EF-S-Objektiven kompatibel ist. www.canon.de
EOS 300D DIGITAL
Aus Liebe zur Fotografie.

Gruppentour durchs Geisterreich

Ein »Pioniertrekking« verspricht der Summit Club in seinem Katalog, Neuland in der entlegenen sibirischen Republik Tuwa. 14 erfahrene Wanderer machen sich auf, das bergige Land der Schamanen und Naturgeister zu entdecken – und finden sich selbst. Das Protokoll eines perfekt geplanten Abenteuers

TEXT: JÖRG UWE ALBIG FOTOS: STEFAN VOLK

Mustergültig gerüstet durchs Nirgendwo: Teleskopstöcke beflügeln die Schritte im abgelegenen Schuj-Tal

Der Adler erscheint schon auf den ersten Kilometern. Er kreist über der Karawane, lässt sich vom Aufwind emportragen in die höhere Welt, ohne einen Flügelschlag.

Die höhere Welt – ist das nicht, was auch die Wanderer suchen? Immer wieder vergleichen sie ungeduldig ihre GPS-Höhenmesser. Am Ende der Tour lockt der Berg Mongun Taiga, 3970 Meter hoch – der höchste Gipfel der sibirischen Republik Tuwa. In diesem fast menschenleeren russischen Grenzland zur Mongolei verehren die Bewohner nicht Gott noch Lenin, sondern die Geister. Hier ist der Adler nicht einfach ein Vogel – sondern der Urvater des ersten Schamanen.

Ein „Pioniertrekking im Land der Schamanen" hatte der Reisekatalog versprochen. Und vielleicht ist der Weg, der die Wanderer elf Tage lang durch dieses weite Land führt, so etwas wie die „ekstatische Reise", die der große alte Religionsforscher Mircea Eliade beschreibt: jener Zustand der Trance, in dem der Schamane per purer Geisteskraft „in ferne Gegenden reist" – „außer sich", jedoch „nicht bewusstlos".

Am Abend vor dem Abmarsch, an den heiligen Radon-Quellen von Schiwilig, sitzen sie auf dreibeinigen Anglerstühlchen im Gemeinschaftszelt: sieben Frauen und sieben Männer, die ihre Lebenserfahrung zäh und weise gemacht hat; nur drei von ihnen sind unter 60 Jahre alt. Sie sind das Auserwähltsein gewohnt – der Patentanwalt, der pensionierte Siemens-Manager, der Kardiologe, der in der Freizeit konstruktivistische Bilder mit tachistischer Linienführung malt, die Wildwasserkanu-Weltmeisterin von 1967, die Triathletin, der Langstreckenschwimmer, Bezwinger der Lübecker Bucht. Sie nicken mit ihren Stirnlampen, lauschen dem Regen, der auf das Zeltdach prasselt. Der Reiseleiter gießt Wodka in die Plastiktassen.

Nie zuvor hat sich der „Summit Club", der Bergreise-Veranstalter des Deutschen Alpenvereins, in dieses leere Land Tuwa gewagt, das mehr als doppelt so groß ist wie Österreich, doch weniger Einwohner hat als Bielefeld. Ein Zivilisationsvakuum aus Bergen, Weiden und Steppe, aus Gras, Birken, Lärchen und Bergkiefern, wo mehr Geister leben als Menschen: kaum eine richtige Stadt, nur hier und da eine Jurte, ein Nomadengesicht. Dafür überall, an Gipfeln und Pässen, an heiligen Bäumen und Steinhaufen, die die Einheimischen *ovaa* nennen, jene geweihten Stofffetzen, gestreiften Krawatten und Sträuße aus Erdhörnchenohren, in denen unsichtbare Wesen flattern.

Am Morgen verteilt Joachim, der Reiseleiter, Ratschläge: „Kleine Schritte", und: „Die Erholung kommt beim Aufwärtsgehen." Doch die Wanderer kennen die Berge schon. Dieter, der drahtige, braungebrannte Mann mit den strahlend blauen Augen über dem weißen Bart, ist im Alpenverein Wegewart für Spitzing und das Taubensteingebiet. Unablässig späht er in die Wolken, sagt Regen voraus oder steigenden Hochdruck, identifiziert Yakspuren. Und Lilli, seine Frau, ist oft Bergflüsse hinabgepaddelt, „weil man dabei in den Felsen immer Tiere und Geister sieht." Dieses kleine bisschen Furcht, das sie dabei spürt, sagt sie, habe sie dann auf eine andere Ebene gehoben.

Was unterscheidet die Rucksäcke der Abenteurer schließlich von den beiden Riemen, mit denen sich jakutische Schamanen an den Schultern fesseln, um nicht von den Geistern entführt zu werden? Was unterscheidet die Trance, in die den Wanderer die steten Schritte versetzen, der klickende Takt der Wanderstöcke und das gleichmäßige, nasse Patschen durch quietschende Sumpfwiesen, von jenem „zeitweisen Verlassen des Körpers durch die Seele" (Eliade), das dem Schamanen der Rhythmus der Trommel beschert?

Gewissenhaft hat jeder in unserer Gruppe seine Kopfbedeckung gewählt – aus einer solchen zieht ja auch der Geisterbändiger seine Kraft: die Schirmkappe, den Trekkinghut, die peruanische Alpaka-Mütze mit Ohrenklappen, die einen Mann zum Elefanten macht. Auch die atmungsaktive Kleidung ist mit Totem-Tieren verziert – dem Adler-Logo des Outdoor-Ausstatters Salewa, dem Büffel der Firma Tatonka, dem Fuchs von Fjäll Räven, Jack Wolfskins krallenbewehrter Wolfstatze oder dem Mammut von Mammut: „Einfach durch das Anlegen der Tracht", schreibt Eliade, „überschreitet der Schamane den profanen Raum und rüstet sich, mit der geistigen Welt in Berührung zu treten." Und manchmal, wenn der Speiseplan aus Kartoffeln, Nudeln, Büchsenfleisch und kaltem Dosengemüse die Fantasie herausfordert, beschwören die Wanderer sogar Tiere, die hier weit und breit nicht zu sehen sind: gefüllte Krebse etwa oder Jungschwein mit Kruste.

Doch nicht alle Tiere sind gütige Geister. Nicht die Heuschrecken am Sir-Buzun-Fluss, die vor der mächtigen, rotbraunen, wie Baumrinde gekerbten Felskulisse in die Keksteller springen. Nicht die fliegenden, schnatternden Grillen, die in der Steppe am Kargy in Wolken aufstauben und dabei unter den Flügeln purpurne Leiber entblößen. Nicht die Mücken am Suglug-Fluss, die, gelockt von den süßen Insektenschutzmitteln, in Schwärmen auf Glatzen landen. Nicht die Hunde, die Totentiere, die im schamanischen Kosmos den Eingang zur Unterwelt bewachen: Sie ›

Rauschende Flüsse zerschneiden die Wege. Die Pferde tragen Verpflegung für elf Tage – darunter 20 Kilo Käse

Die Pioniere reisen unbeschwert. Auf Packpferden folgt ihnen die Zivilisation

Erst kommt das Essen, dann die Aussicht: Brotzeit auf dem 2677 Meter hohen Tschailag Mongulek

Natürlicher Kühlschrank: Ein geschlachtetes Schaf sorgt für Frischfleisch

lauern vor den Jurten, um dann kläffend auf die Wanderer zuzustürmen und sie zu zwingen, den Schritt zu beschleunigen und die Teleskopstäbe fester zu greifen. Kirsten, eine pensionierte Sportlehrerin aus Celle, gibt vorsichtshalber Tipps, wie man Bären vertreibt: „Krach machen."

Dann wieder zeigt Helmut aus dem schwäbischen Altbach, einst Ingenieur für Feinwerktechnik, plötzlich gen Himmel: „Da isch wiedr dr Adler." Die Yakherde jenseits des Posthug-Flusses wird mit Jubel und gereckten Ferngläsern begrüßt; auch die Wildgänse, auch der Tannenhäher, dessen Schrei das Schweigen des Aufstiegs durchbricht. Neun stämmige mongolische Bergpferde, geführt von tuwinischen Männern, sind beladen mit allem, was tagsüber nicht gebraucht wird – den Zelten, dem Proviant, dem Küchengeschirr, den Isomatten und den mächtigen Trekkingtaschen, das Stück fast 20 Kilo schwer. In weitem Abstand folgen die Tiere dem Tross, ohne Unterlass furzend, immer wieder strauchelnd, doch unbeirrbar vorwärts drängend. Sie klettern über Pässe und steile Felspfade und bewachen noch nachts laut rupfend die Zelte.

Manchmal, wenn sich einer der unzähligen Flüsse türkis und schäumend dem Treck in den Weg legt, zu tief und zu reißend, um ihn zu Fuß zu überwinden, sind die Pferde auch auf andere Art von Nutzen. Lange haben die Wanderer am Ufer des Schuj-Flusses auf die Tiere gewartet, schließlich versuchen sie es auf eigene Faust: Vier schaffen es unter Schwanken und Bangen, ein fünfter wird von zwei Männern im letzten Moment ans Ufer gezogen. Der Rest steht entmutigt und fröstelnd im Wind, im Regen, im Blick bedrohlich näher kommender Yaks. Als nach zwei Stunden Warten die Pferdekarawane eintrifft, klammern sich die Wanderer selig an die Leiber der vor ihnen sitzenden Pferdeführer, lassen sich auf den mahlenden Hintern der Tiere durchs Wildwasser schaukeln.

Meist aber verlassen sich die Wanderer auf die eigenen Beine. Sie ziehen die Trekkinghosen aus, binden die Bergschuhe ›

Einsames Camp am Posthug-Fluss. Von Moskau trennen Tuwa vier Zeitzonen und 3800 Kilometer

Keine Straße, so weit das Auge reicht. Dafür donnernde Flüsse inmitten von leuchtendem Chlorophyll

Bis zu 150 Kilo Gepäck zurren die Einheimischen an ihren Pferden fest – auch wenn sich diese beim Abstieg damit fast überschlagen

Der Wind streicht über die Steppe, lässt Wolkenschatten wandern

Auf diesem Gipfel ist Ruh: Am Tschailag Mongulek begrub das Reitervolk der Skythen einst seine Verstorbenen

um die Hälse, durchwaten das Hindernis barfuß oder auf Sandalen. Sie taumeln, mit bebenden Bergstöcken zwischen Steinen stochernd, die Knie von beißendem, eiskaltem Schmelzwasser umspült, das mit Macht am Standbein zerrt und das Spielbein mit sich reißt. Manchmal liegt ein umgestürzter, glatter Baumstamm über dem Fluss. Dann finden sich die Wanderer unversehens vor einem jener Übergänge, die jeder Schamane kennt: der Brücke zwischen zwei Welten, zwischen dem Unwissen und dem Wissen – nur die Schuldlosen können sie überschreiten. Denn dass es zweierlei Menschen gibt, ist auch den Wanderern bewusst: „Outdoor-Typen" – und „Indoor-Typen", die ständig überfordert sind und nach einer Dusche schreien. „Die können eine Gruppe zerstören", erklärt Helmut im Lager am Suglug-Fluss, und Dieter stimmt zu.

Doch hier, so weit das Auge reicht: Nirgends eine Straße, ein Skilift, ein Bergrestaurant. Dafür berauschende Blicke über rosige Steinwellen mit Schneeschlieren, über Berge wie Dünen, wogend und schütter beflockt. Blicke über die weiten, kupferfarbenen Wiesen im Tal des Schuj und die gelb durchwirkten Moospolster, über violette Blütenmeere, in denen sich das Lila der Schotterberge zu spiegeln scheint. Blicke vom Uzun-Chem-Pass über harte, windbestrichene Steppe unter wandernden Wolkenschatten, umkränzt von zackigen Kronen. Und überall das donnernde Rauschen der Flüsse und Bäche, die sich inmitten von blendenden Kieseln und leuchtendem Chlorophyll teilen, verzweigen und wieder vereinigen, während Kirsten Schwarzbrot und Salami aus der Heimat verteilt.

„So hat's bei uns vor 2000 Jahren in der Steiermark ausgeschaut", sagt Eberhard, der Lokalzeitungs-Redakteur.

„Vor der Römerzeit", korrigiert Dieter. „Da gab's ja schon Straßen."

Die Natur ist hier kein Gegenüber mehr, sondern dringt in Poren und Nasenlöcher. Der Minzeduft in den sonnengesprenkelten Wiesen, der Wermuthauch über blaugelbpinkfarbenen Blütenteppichen, das Gras, das nach dem Regen die Luft sättigt. Die Wanderer kennen die Namen aus „Kosmos Naturführer" und „Blumen der Alpen". Sie durchwaten, Benennungen wie Beschwörungen rufend, Edelweißmeere, Seen aus blauem, weißem und violettem Eisenhut, Ozeane aus Rittersporn und Pfingstrosen, Pracht- und Lichtnelken, Schafgarbe und Schlangenknöterich. Sie bejubeln auch seltene Exemplare wie Weißen Enzian, Gelben Mohn und Gelben Türkenbund. Jede Pflanze wird erkannt, begrüßt und manchmal auch fotografiert: Dann fallen sie gruppenweise, wie zu einer gewaltigen Anbetung, die Kamera vor dem Auge, vor einer orangefarbenen Ranunkel auf die Knie. Eberhard bricht einen Pilz ab: „Familie der Ritterlingsartigen", meldet er. „Geruch: hallimaschartig."

Die Natur ist vertraut, doch die Menschen sind fremd. Zwar hat der Reiseleiter schon im Vorfeld das Wohlwollen von Beamten und Helikopterpiloten in der Hauptstadt mit Unmengen von armenischem Kognak genährt; haben die Wanderer Buntstifte, Tennisbälle, Luftballons und Müsliriegel für die tuwinischen Kinder im Gepäck; haben Einwegfeuerzeuge, Schlüsselanhänger und Zigaretten für die Erwachsenen dabei. Doch seltsam reglos bleibt das Gesicht der tuwinischen Mutter und ihrer 13 Jahre alten Tochter, als die Wanderer gebückt ihre Jurte am Posthug-Fluss betreten. Im Schneidersitz verzehren die Gäste Sauerrahm mit Schmalzgebäck und gesalzenen Milchtee mit geröstetem Mehl und starren dabei auf den Ofen in der Mitte, das Eisenbett, die Lackkommode mit den Hundefotos, dem Buddhabild und dem Waldbeer-Shampoo. Auch in der Holzhütte am Posthug-Fluss, in welche die Wanderer vor dem Dauerregen flüchten, um auf die verspäteten Pferde zu warten, reicht die Großmutter die Schalen voll körniger, vergorener Milch mit abwesender Miene herum, als bewirte sie Geister.

Und unbegreiflich, fremde Worte redend, lachend, man weiß nicht über wen, hocken nachts die Pferdeführer in ihren bestickten Schaffellwesten auf verschlissenen Teppichen am Feuer, umringt von eisernen Kesseln und bunten Plastikschüsseln. Sie schlagen Hammelknochen mit der Axt auf, essen das lauwarme Mark, kauen steinharte, säuerliche Molke, die sie *qurut* nennen. Sie sprechen kein Englisch, kaum Russisch und schon gar kein Deutsch, und eines Abends haben sie vor einer Jurte ein schönes Schaf mit schwarzem Kopf ge-

Prüfende Blicke: die 65-jährige Tschoge Mascha und ihre Enkelin Natascha

kauft, am Hinterbein aus der Herde gezerrt und auf dem Rücken ins Lager geschleppt.

Jetzt knien sie lachend neben der Feuerstelle auf dem rücklings zappelnden Tier.

„Nee, Dieter", sagt Angela zu ihrem Mann. „Die sollen das hier nicht machen."

„Warum nicht?"

„Weil wir das nicht ertragen."

Und Alik, der Mann mit der Pudelmütze, schneidet mit einem winzigen Messer dem Schaf den Bauch auf.

„Euch gefällt das", giftet Barbara, die pensionierte Sozialarbeiterin, jene Wanderer an, die das Schlachtritual umringen. Alik fährt mit der Hand unter die Bauchdecke des Tiers und klemmt mit schnellem, geübtem Griff die Aorta ab. Kein ›

Eintracht auf Campinghockern: Das Feuer knistert, das Abendessen duftet, der schwarze Tee aus Plastiktassen wärmt die Finger. Jetzt tauen auch die Stillen auf und schwärmen von vergangenen Abenteuern

Tropfen Blut spritzt, als die Männer die Haut abziehen, die Bauchdecke hinter die Vorderläufe spannen und das Gedärm aus dem prallen, geblähten Unterleib fädeln. Sie waschen Magen und Pansen im Fluss als Hülle für die Blutwurst, legen Herz, Leber und Nieren mit Zwiebeln in eine gelbe Plastikwanne, schöpfen mit einer Kelle Blut aus dem Schafsbauch hinterher. Und die Wanderer starren ergriffen auf den kleinen, weißen Körper, der in der Abendkühle dampft.

„Das habe ich noch nie gesehen", sagt Lilli, „dass man das so schön macht."

„Das ist so normal", muss auch Barbara zugeben.

„Die schlachten ein Schaf, wie wir eine Dose aufmachen", sagt Robert, Volkswirtschaftler an der Münchner Handelskammer. „Und eigentlich ist Schaf ja fast vegetarisch, weil es zum größten Teil aus Gras besteht."

Die Wanderer kennen Gewitter im Wetterstein, Blutegel und Monsunregen im Himalaya, Duelle mit Steinböcken im Piemont und glassplitterscharfe Lava auf Island, die binnen vier Tagen die Bergschuhe zerschneidet. Sie kennen die Kompromisse bei Essen und Körperpflege, zitieren Sinnsprüche von der Augsburger Hütte in den Lechtaler Alpen („Der Älpler wäscht sich in der Früh / Der Alpinist hingegen nie"), sie erinnern an die Auflage des tungusischen Schamanen, nach seiner Initiation im Gebirge schmutzig ins Dorf zurückzukehren „wie ein Wilder".

Doch hier warten andere Prüfungen auf sie. Die ungewisse Treue der Pferdeführer, die vor den berüchtigten Pferdedieben des Chemtschik-Tals Angst haben und davor, dass sich ihre Tiere beim Abstieg vom felsigen Pass überschlagen könnten. Die Sorge um die Zutrittsgenehmigung für das Zielgebiet um den Mongun Taiga, Grenzland zur Mongolei – zwei Wochen vor Tourbeginn bei der KGB-Nachfolgebehörde FSB in Kysyl beantragt und noch immer nicht bewilligt. Die Unsicherheit über den Weg am Oberlauf des Schuj, der plötzlich an einer Schottermoräne wie abgeschnitten scheint und dessen Fortsetzung sie erst nach einer halben Stunde Suche finden. „Wie lange noch", fragt Helga, die Immobilienverwalterin aus Wien.

„Ungefähr eine Stunde", sagt Andrej, der russische Reiseleiter.

„Dann können wir ja langsam gehen", sagt Helga, „wenn's nur eine Stunde ist."

Ungläubig starren die Wanderer, Walnüsse, Rosinen und getrocknete Aprikosen knabbernd, auf die Höhenmesser, weil die Baumgrenze hier auch bei 2000 Metern noch immer nicht kommen will. Gebannt sehen sie auf der Kuppe des Tschailag Mongulek, 2677 Meter, wie der Wind die Wolken auf dem Tafelberg gegenüber aufreißt und die weiße Haube zum Aufglühen bringt: Für einen Augenblick erscheint, bevor sich der Vorhang wieder schließt, im Schnee der Umriss eines riesigen Schmetterlings! „Und das da unten", sagt Lilli mit versonnenem Blick auf den Fels unten im Tal, „sieht aus wie ein junger Elefant."

Ist es ein Zufall, dass das sibirische Volk der Jukagiren ihre Schamanen *i'rkeye* nennt, was „der Zitternde" bedeutet? Die frostigen Nächte in den Basislagern, das Bibbern trotz Daunenschlafsacks, der bis minus zehn Grad Komforttemperatur verspricht! Der Wind, der nach drei Stunden Aufstieg im Regen plötzlich Schneeflocken über die zugspitzhohen Gipfel bläst! Die Morgenwäsche im Wasserfall, die alle Glieder absterben lässt! Die nassen Schlafsäcke, die neben Handtüchern und frisch im Fluss gewaschenen Unterhosen in den Bäumen trocknen müssen! Die Wanderer trösten sich mit Erinnerungen an Tibet, wo sie mit Handschuhen beim Frühstück saßen, an Ladakh, wo der Atem von der eisigen Zeltdecke als Schnee auf die Schlafsäcke fiel, an Peru, wo die Pferdeführer nachts die weiße Last von den Planen fegen mussten. Einer weiß: „Wenn's richtig kalt wird: mit Stiefeln in den Schlafsack! Sonst sind die am Morgen hart gefroren."

Abends sammeln die Wanderer Brennholz, hacken Stämme, fachen mit dünnen Spänen und Einwegfeuerzeugen die Flammen an. Sie gewöhnen sich auch an den Rauchgeschmack des Trinkwassers, das über dem offenen Feuer abgekocht wird. Doch hilflos müssen sie zusehen, wie ›

Wandern fernab jeglicher Zivilisation: karge Weite am Suglug-Fluss

Aufstieg durch Schotterhalden zum Bjelij Klyk: 1400 Höhenmeter muss die Gruppe an manchen Tagen überwinden

Gipfelheiliger: Vorangegangene Bergsteiger deponierten einen schrill bemalten Lenin aus Gips auf dem Mongun Taiga

Im Nebel stolpern die Wanderer wie Blinde zum Gipfel. Hinab geht es jauchzend, durch Schotter und Wiesen zu Tal

Wohltat für die Waden: Im Gänsemarsch folgt die Gruppe dem flachen Tal des Flusses Uzun

schwarze Wolkenwände durch das Tal des Tschinge-Flusses rollen und bald geduldiger Regen die Zelte begießt. Ratlos lesen sie Wetterzeichen – das Hoffnung bringende Steigen der Wolken aus dem Tal, die Regen verkündende Angriffslust der Insekten, das unheilvolle Verharren des Barometers auf 788 Millibar. Als sie am Abend des neunten Tages ihr Lager am Fuß des Bjelij Klyk aufschlagen, des ersten Dreitausenders ihrer Reise, dessen russischer Name „Weißer Reißzahn" bedeutet, zeigt sich der Berg nur für Sekunden – ein weißer Wolf mit nach Süden abfallender Schnauze, spitzen Ohren und leicht durchhängendem Rücken. Dann hüllt er sich wieder in Nebel und scharfen, kristallenen Regen.

Doch am nächsten Tag, nach dem Aufstieg über rutschende Schieferplatten, Kaskaden und rieselnden Schotter, gleißt auf dem Gipfel, in 3333 Meter Höhe, die Sonne. Und vom Rundblick berauscht, von Schneeriesen und mongolischen Steppen, von blaugrünen Bergteichen und dem riesigen, blassblauen See Chindiktig-Chol, brechen die Wanderer in den rituellen Ruf der Ekstase aus: „Wahnsinn!"

Jauchzend schliddern sie Schneefelder hinab, gleiten auf Schottermulden gen Tal. Und spät abends um halb elf, als selbst das Licht vom Berg verglüht ist, das noch nach Sonnenuntergang lange durch die Schlucht des Bachs gestrahlt hat, und die Nachttemperatur allmählich unter den Gefrierpunkt fällt, trifft per Satellitentelefon aus Kysyl die Nachricht ein: Die Genehmigung für das Grenzgebiet um den Mongun Taiga ist da. Ist er möglicherweise jener „kosmische Berg", wo die Seele des Schamanen leicht von einer Welt in die andere wechseln kann?

Sie erreichen das Basislager am nächsten Abend. Am Nordostgletscher, in 3250 Meter Höhe, setzen sie die Zelte auf eiswasserumspülte Inseln aus Kies und Aurikeln, panzern sich mit Schichten aus Fleece und Kunstfaser gegen die Kälte, die noch einmal den Kopf reinigt vor der letzten Ekstase. Doch beim Wecken um halb sechs Uhr morgens steht der Gletscher stumpf im Nachthimmel, und ein dunkler, geschwollener Kloß schiebt sich hinter dem dünnen Morgenrot aus dem Tal heran.

„Ich will ja niemanden beunruhigen", sagt Eberhard. „Aber das da hinten sieht aus wie eine Gewitterwolke."

„Man kann auch in die andere Richtung gucken", sagt Kirsten und stapft los.

An Geröllhängen stolpern sie aufwärts, rutschen nach zwei Schritten einen wieder zurück: „Wie Müsli", schimpft Robert. Hinter ihnen versinken lieblichere Welten, geisterhaft durchsichtige Bergreihen in zarten Blautönen. Eisiger Nordwind fegt über den Kamm. Sie setzen die Gletscherbrillen auf und stapfen krachend durch unberührten Schnee, wobei sie immer wieder bis zum Schritt einsacken. Der Gipfel verbirgt sich in einer Wolke; blind dringen sie vor. Und als sie den Ovaa erreichen, den Gipfelsteinhaufen, der geschmückt ist mit bunten Gebetsbändern und einer bemalten Lenin-Büste aus Gips, sehen sie – nichts.

Kein Panorama, keine Blicke ins Tal, auf den Altai, auf den Westlichen Sajan oder auf den mongolischen Riesensee Uureg-Nuur. Nur der Gipfel selbst, der sich als weiße Kuppel in den Himmel wölbt, rund und perfekt. Ein Schneeball im weißen Universum.

So stehen sie fröstelnd auf ihrem weißen Planeten, nippen Wodka aus der blauen Feldflasche, binden ein blassgelbes Gebetstuch mit dem Namen des „DAV Summit Club" an den Ovaa – und sind merkwürdig aufgekratzt und euphorisch. Vielleicht dämmert ihnen in diesem Moment, dass das hier das wirkliche Panorama ist. Weil es nicht Schönheit zeigt, sondern die Wahrheit. Der Übergang zwischen den Welten ist geschafft: Hier ist keine Erde mehr, sondern nur noch Himmel. Und wir alle leben auf einem Stern, mitten im All. ▮

Zwar haben Fotograf **Stefan Volk**, 33, links, und Autor **Jörg-Uwe Albig**, 44, auf dem Marsch durch Tuwa den Altersdurchschnitt der Gruppe beträchtlich gedrückt – dennoch mussten sie alle Kräfte aufbieten, um mit dem Wandereifer ihrer Kameraden Schritt zu halten. Auszeichnen konnten sie sich erst, als sie zwei Magnum-Flaschen russischen Bieres Marke „Roter Osten" zum Basislager am Mongun Taiga hinaufschleppten und nach überstandenem Aufstieg an die Gipfelstürmer verteilten.

DIE HÖHE TREIBT SELTSAME **BLÜTEN**

Um zwischen Gletschern und Geröll zu überleben, müssen Pflanzen sich von ihrer Umwelt so unabhängig machen wie möglich. Manche Gewächse verkriechen sich für Jahre im Boden, andere schaffen ein Mikroklima wie im Treibhaus

TEXT: UTE EBERLE

Was für ein Wohnort! Die Luft: immer bewegt, oft stürmisch, so ungestüm, dass jeder lange Stängel knickt. Der Boden: steinig, schütter bewachsen, steil und unbeständig. Und was sich an Nässe zwischen dem Schutt hält, bläst der trockene Höhenwind heraus wie ein Föhn. Im Winter raspeln Eiskristalle gleich einem Sandstrahlgebläse über Halme und Rispen. Dann kommt der Schnee und lässt sie für Monate verschwinden. Wenn das Eis endlich schmilzt, oft im Juni erst, bleiben den Pflanzen vielerorts kaum zwei Monate für einen ganzen Vegetationszyklus: austreiben, blühen, Samen bilden und Reserven sammeln für den Austrieb und die Blüte im nächsten Jahr.

Nicht, dass der Sommer einfacher wäre. Wenn tagsüber die Sonne scheint, brennt deren sengende Strahlkraft in der dünnen Luft mehr als doppelt so stark wie unten am Strand, wo sich die Badenden dick mit Sonnenschutzcreme einschmieren. Und kaum wird es dunkel, purzeln die Temperaturen schon wieder wie Kiesel über den Steilhang. In tropischen Höchstlagen kann zwischen den wärmsten Mittagsminuten und den kältesten Nachtstunden ein Temperaturspalt von 60 Grad Celsius klaffen.

Anders als Tiere können Pflanzen diesen extremen Beanspruchungen nicht ausweichen, können nicht in geschützte Täler hinunterklettern wie die Gämse oder in unterirdische Höhlen abtauchen wie ein Murmeltier. Dennoch grünt es in den Bergen – und wie. Berge sind oft „Hot Spots" der Diversität, wo besonders viele Arten nebeneinander sprießen, weil sich hier auf engstem Raum vielfältige Klimazonen übereinander stapeln, die sonst so weit entfernt sein können wie Arktis und Äquator. Viele Böden bilden ein Mosaik ganz unterschiedlicher Milieus, mit sauren und basischen Nischen wie in einem botanischen Garten. Von den Tälern bis in die Gipfelregionen beheimatet der Alpenbogen zwischen Österreich und Frankreich etwa 5000 verschiedene Pflanzenarten. Im Hochgebirge, also der Region oberhalb der Waldgrenze, finden sich immerhin noch 600 Arten.

Diese Vielfalt rührt auch daher, dass immer wieder neue Wellen von Immigranten in den unwegsamen Höhen stranden: Manche blieben nach der letzten Eiszeit dort hängen als Relikte rauerer Klimaepochen, andere spalteten sich in den Berglagen als neue Linie von Flachlandeltern ab. Einige stiegen dabei bis weit über die Grenze des ewigen Eises: 1955 entdeckte man einen handtellergroßen Hahnenfuß und ein Exemplar einer Goldlackart in 6400 Meter Höhe auf dem Berg Kamet an der Grenze zwischen China und Indien. Höher gedeihen vermutlich nur noch Flechten, jene Doppelwesen aus Alge und Pilz, die Temperaturen zwischen −50 und +70 Grad vertragen und auch monatelange Dürreperioden überstehen können.

Doch Höhenpflanzen bewältigen ihre feindliche Umwelt ganz ohne die speziellen Fähigkeiten, die Flechten aus der Symbiose ziehen. Auch sind die meisten Gebirgspflanzen nicht weniger frostempfindlich als ihre Verwandten im Tal. Und das müssen sie auch nicht sein. Der Trick der Berggewächse besteht darin, dass sie ihre unmittelbare Umwelt stark zu ihren Gunsten verändern und ihren Lebensrhythmus zeitlich den Gegebenheiten so anpassen, dass sie feindlichen Situationen aus dem Weg gehen – etwa so wie Menschen, die sich mit Heizung und Klimaanlage ihre eigene behagliche Nische zurechtschneidern oder bei kaltem Winterwet-

Gegenblättriger Steinbrech (*Saxifraga oppositifolia*)

Primelgewächs (*Dionysia aretioides*)

Netz-Weide (*Salix reticulata*)

ter zu Hause bleiben. Auf Wind und Kälte reagieren die Kräuter der Höhe mit Abschottung: Ihre Körper haben sich gerade so entwickelt, dass sie an ihrem Standort ein unabhängiges Mikroklima herstellen können.

Wer das nicht glaubt, sagt Christian Körner, Botaniker an der Universität Basel, der soll sich bei der nächsten Wanderung – wenn die Jacke im fünf Grad kalten Wind knattert – einmal bücken und sacht die Hand auf eines der Blumenpolster im Geröll legen: „Er wird feststellen: Das ist ja warm". Ganz gleich ob es sich um das stängellose Leinkraut, um Steinbrech oder um Rasenmatten handelt: Im Pflanzenkissen können dann noch angenehme 28 Grad herrschen, hundert Prozent Luftfeuchte und Windstille, kurzum: geradezu Tropenklima. Und das weit oberhalb der Baumgrenze.

Diese geschützten Welten verdanken die Gebirgsgewächse ihrem Aufbau. Winzige Blätter und extrem gestauchte Stängel machen sogar solche Arten zu kriechenden Kissen, deren nächste Angehörige im Tal durch ranken Wuchs bestechen. Eine Margerite in der Ebene etwa kann durchaus 80 Zentimeter hoch aufschießen; die nah verwandte Alpenmargerite dagegen erreicht gerade zehn Zentimeter.

Was auf den ersten Blick mickrig wirkt, ist in Wahrheit Ausdruck von Raffinesse. Der geduckte Pflanzenkörper bietet scharfen Bergwinden kaum Angriffsfläche und profitiert mehr von der Speicherwärme des Bodens. So genannte Spalierpflanzen wie die Alpenazalee oder die Netz-Weide kriechen geradezu über den Fels. Andere Hochgebirgspflänzchen wie das rare Primelgewächs Mannsschild bilden halbkugelige Polster, deren Blätterdach wie ein Treibhaus wirkt und Wärme und Feuchtigkeit zurückhält.

Oft tragen die Blätter noch zusätzlich einen Panzer aus Wachs, einer dicken Lederhaut oder dichten Haaren, um die Durchschlagskraft der UV-Strahlen zu mindern. Die Frühlingsanemone etwa bedeckt ein so ausgeprägter Flaum, dass sie einem sonderbar geformten Pelztierchen ähnelt. Die Blätter der Andenpflanze *Azorella compacta* sind zur besseren Isolierung sogar mit Harz verklebt. Ihre sattgrünen Polster erscheinen weich wie bauschige Sofakissen. Doch wäre es nicht bequem, auf einer Azorella auszuruhen: Getragen wird die Blätterkuppel von igelstacheldicht gepackten Ästchen, die so hart sind, dass Holzsammler, die durch die Andenebenen streifen, sie kaum zersägen können. ›

Kein Moospolster, sondern ein Wald: Wie die kugelige *Azorella compacta* der Anden passen sich viele Bergpflanzen dem Klima durch Zwergwuchs an. Groß sind nur die Blüten

Rätischer Steinbrech (*Saxifraga hostii ssp. rhaetica*)

Edelweißgewächs (*Leucogenes grandiceps*)

Berg-Hauswurz (*Sempervivum montanum*)

Alpen-Bärentraube *(Arctostaphylos alpina)*

Hallers Küchenschelle *(Pulsatilla halleri)*

Alpenmargerite *(Leucanthemopsis alpina)*

Nach langer Dunkelheit ans Licht: Manche Pflanzen legen schon zwei Jahre vor der Blüte ihre Knospen unterirdisch an

Die Iglubauweise der Azorella erweist sich dabei auch langfristig als gute Investition: Pflanzenmaterial, das abstirbt, weht nicht davon, sondern verrottet an Ort und Stelle zu kostbarem Humus. Vermutlich aus demselben Grund drängeln sich die meisten Hochgebirgsarten gern auf dichten Haufen zusammen, anders als die Pflanzen tieferer Lagen, die umso besser gedeihen, je mehr Abstand sie vom Nachbarn haben.

Um einen einzigen esszimmertischgroßen Höckerwald zu errichten, benötigt Azorella compacta mehrere Jahrhunderte. Wie sie, so wachsen auch viele andere Hochgebirgspflanzen extrem langsam – und extrem lange. Der angeblich älteste Baum der Welt treibt seit 4700 Jahren seine Krone aus, in den amerikanischen White Mountains, in gut drei Kilometer Höhe. Die Grannenkiefer, liebevoll „Methusalem" genannt, keimte etwa zur gleichen Zeit, als im fernen Ägypten Arbeiter begannen, die erste Pyramide zu bauen.

Die Botanik der Höhe ist also vor allem eine Geschichte von Geduld und Sparsamkeit. Nur bei der Fortpflanzung lassen die Bergbewohner alle Vorsicht und alles Phlegma fahren. Hier sind sie keine Mauerblümchen. Im Sommer balancieren die schmächtigen Stängel ihre leuchtenden Blüten in verschwenderischer Pracht. Pflanzen im Hochgebirge haben etwa gleich große Einzelblüten wie vergleichbare Arten im Tal, doch weil Blätter und Stängel zehnmal kleiner sind, dominieren im Gebirge die Farben über das Grün.

Die kurze, üppige Pracht wird sehr lange vorbereitet. Schon ein bis zwei Jahre vor der Blüte werden die Knospen unterirdisch angelegt, und alle Blütenteile sind üblicherweise bereits im Herbst des Vorjahres darin voll entwickelt, damit sie rasch möglichst viele der im Hochgebirge raren Bestäuber anziehen. Auch sonst ragt das zarte Blattwerk nur als schüchterne Spitze eines botanischen Eisbergs an die Oberfläche. Das Grün der südamerikanischen Malvenart Nototriche etwa ist lächerlich klein, kaum größer als ein Centstück, sodass ein achtloser Wanderer es mühelos zertreten kann. Darunter aber bohrt sich ein „muskulöser" Wurzelstrang 20 bis 30 Zentimeter tief in den Boden.

Solche überdimensionierten Wurzelstöcke sichern nicht nur den Halt auf abschüssigem Terrain und verbessern die Nährstoff- und Wasseraufnahme. Sie sind auch eine Versicherung gegen den Erfrierungstod. Denn viele dieser Wurzeln können sich zusammenziehen und dabei die empfindlichen Rosettenknospen für lange Zeit unter der Erde „parken". Frost wird den Gebirgsgewächsen eigentlich nur dann gefährlich, wenn er überraschend während der Wachstumsperiode eintrifft. Einen vorzeitigen Wärmeeinbruch am Ende des Winters ignorieren die Pflanzen in der Regel. Ihr endogener Kalender macht sie unabhängig von solchen trügerischen Zeichen wie der Temperatur. „Pflanzen vergleichen die tägliche Länge des Sonnenscheins mit ihrer Inneren Uhr und wissen auf einen Tag genau, wo sie sind", sagt Körner, der Botaniker an der Universität Basel. Wenn das Wetter nicht mitspielt, können die Gewächse aus ihrem Wachstums-Countdown sogar aussteigen: der Gletscherhahnenfuß vermag bis zu drei Jahre unter einer Schneedecke auszuharren, ohne Schaden zu nehmen.

All diese Raffinesse ist freilich darauf angewiesen, dass sich das klimatische Geschehen weiter etwa in denselben Bahnen bewegt, an die sich die Vegetation über lange Zeiträume angepasst hat. Doch genau das steht heute infrage. Die ständig steigenden Temperaturen verschieben die Klimazonen im Gebirge nach oben. Sie zwingen die Pflanzen, die an eng umgrenzte Bedingungen gewöhnt sind, mit diesen Standortfaktoren weiter in die Höhe zu wandern. Auf vielen Alpengipfeln trafen in den letzten Jahrzehnten Neuankömmlinge aus tieferen Lagen ein. Doch anders als in der Ebene, wo die Klimazonen bei der langsamen Drift nach Norden ihre Flora einfach mitnehmen, ist auf den Bergen der Lebensraum begrenzt: Nach dem Gipfel ist Schluss. **I**

Wissenschaftsautorin **Ute Eberle**, 33, lebt in Holland, der Heimat leuchtender Tulpen und riesiger Sonnenblumen. Die filigranen Pflänzchen der Berge haben es ihr dennoch angetan.

Piloten, die bestens ausgebildet sind.
Mechaniker, die jede Schraube doppelt checken.
Flugbegleiter, die Sie zu Ende träumen lassen.
Alles für diesen Moment.
Wer schätzt das nicht: dieses beruhigende Gefühl, in guten Händen zu sein. Und damit Sie auch in 12.000 Metern Höhe echte Geborgenheit erleben, kümmert sich jeder unserer Mitarbeiter täglich darum, Ihnen die Reise von Anfang an so angenehm wie möglich zu machen. Danke, dass Sie Lufthansa Ihr Vertrauen schenken. www.lufthansa.com
There's no better way to fly.
Lufthansa
A STAR ALLIANCE MEMBER

Ein Bett im Schneefeld

Bergsteiger entlohnt die grandiose Aussicht am Morgen oft für die kalte Nacht im Zelt auf der Isomatte. An einigen Gipfeln aber kann man in der Früh die Vorhänge zur Seite schieben, das Badewasser einlassen und Frühstück aufs Zimmer bestellen. Die hier vorgestellten Hotels haben den Luxus auf die Spitze getrieben – und bieten einen Logenplatz mit Blick auf die Schönheit der Schöpfung

Geöffnet:
ganzjährig. Aufenthalte mit 3, 4 oder 7 Übernachtungen

Preise:
DZ ab 947 € pro Person für einen dreitägigen Aufenthalt inkl. Vollpension und Transfer von Punta Arenas, ermäßigte Preise für Kinder

Informationen:
Explora Patagonia
Tel. 0056-2/395 25 33
E-Mail:
reservexplora@explora.com

Als »**Expeditionsbasis**« firmiert das Haus am Pehoé-See im patagonischen Nationalpark Torres del Paine. Für die Gäste der 28 Suiten und Zimmer im Stil kühler Perfektion beginnt die Expedition schon mit den Augen: hinter den Panoramascheiben läuft ein Breitwandfilm über eine erhebende Urlandschaft

Explora Hotel Salto Chico

Torres del Paine Nationalpark, Patagonien, Chile

Spektakulär klammert sich das 1894 erbaute Haus an den 3195 Meter hohen Becher, zwischen anderen Dreitausendern wie Zuckerhütl und Wilder Freiger. In der höchsten Hütte Südtirols ist die erdfernste Marienkapelle der Alpen untergebracht, geweiht der »Maria im Schnee«

Alpenschutzhütte Becherhaus

Bechergipfel, Stubaier Alpen, Südtirol, Italien

Geöffnet:
1. Juni bis
15. September

Preise:
Übernachtung
mit Abendbrot und
Frühstück 35 €

Informationen:
Becherhaus
I-39040 Ridnaun
Club Alpino
Italiano Verona
Tel. 0039-0472
65 63 77 oder
0473 64 14 90
www.becherhaus.com

Geöffnet:
ganzjährig

Preise:
Einfaches DZ ab 36 €

Informationen:
Jade Screen Hotel
0086-559/558 22 88
China Travel Service
Huang Shan
Tel. 0086-
130/13 12 11 52

Jade Screen Hotel

Huang Shan, Provinz Anhui, China

Wie die Pagode in einer alten Tuschezeichnung thront das Hotel auf einem der zerfransten Steindome der »Gelben Berge«. Eine Herberge auf halbem Weg zum Himmel – das entschädigt für die schlichte Ausstattung der Zimmer

Prince of Wales Hotel

Waterton Lakes National Park, Alberta, Kanada

Halb Märchenschloss, halb Almhütte: In dem historischen Haus in einem Hochtal der kanadischen Rocky Mountains wird spleeniger Luxus zelebriert. Gentlemen im Kilt begrüßen den Ankömmling in der Lobby, historische Busse rollen wie vor Jahrzehnten zu den schönsten Aussichtspunkten

Geöffnet:
4. Juni bis
18. September

Preise:
4. Juni bis 20. Juni
DZ ab 143 €,
vom 21. Juni an
ab 208 €

Informationen:
Glacier Park, Inc.
Columbia Falls,
Montana 59912
Tel. 001-406/892 25 25
www.princeofwales
waterton.com

Geöffnet:
ganzjährig
mit Ausnahme von
Mitte November bis
Mitte Dezember
Preise:
DZ ab 275 €

Informationen:
Vigilius Mountain
Resort
I-39011 Lana
Tel. 0039-0473
55 66 00
Fax 0039-0473
55 66 99
www.vigilius.it

Vigilius Mountain Resort

Vigljoch, Lana, Südtirol, Italien

Wie eine Neumischung der alpinen Elemente Stein, Holz und Luft erscheint der 2003 fertig gestellte Bau des Architekten Matteo Thun. Die Komposition strahlt eine unirdische Ruhe aus – besonders wenn gegen 17 Uhr die letzte Seilbahn des Tages zu Tal gefahren ist

Sanctuary Lodge

Machu Picchu, Peru

In verwittertem Graugrün füllt der Konus des heiligen Huayna Picchu die Terrassentür aus – ähnlich muss einst der Blick durch die Fenster der antiken Tempelstadt gewesen sein. Die Luxusherberge liegt als einziges Hotel mitten im historischen Ruinenbereich

Geöffnet:
ganzjährig

Preise:
DZ ab 429 €, mit Blick auf den heiligen Berg ab 491 €

Informationen:
Machu Picchu
Sanctuary Lodge
Cuzco, Peru
Tel. 0051-84/
21 10 39 oder -38
www.sanctuary
lodge.net

www.sympatex.com
FREIHEIT DIE ANZIEHT.
SYMPATEX®
HÖCHSTLEISTUNGEN INKLUSIVE.
SYMPATEX®
PROFESSIONAL
Wer sich auf Sympatex® verlässt, überlässt nichts dem Zufall. Denn patentierte Materialien und Fertigungsverfahren schaffen eine besondere, durch ständige Kontrollen garantierte Qualität. Und eine besondere Vielfalt: z. B. mit Sympatex PROFESSIONAL durch spezielle Oberstoffe und Verarbeitung, die nicht nur extrem strapazierfähig, sondern auch extrem dicht ist – bis zum 200-Fachen der DIN-Norm. Hier in einer Jacke von Maier.
➲ 100 % wasser- und winddicht
➲ optimal atmungsaktiv
➲ extrem strapazierfähig
wasserdicht
winddicht
atmungsaktiv
strapazierfähig
maier®

Amangani

Jackson Hole, Wyoming, USA

Im einzigen nordamerikanischen Aman-Resort rahmen strenge Sandsteinsäulen und Redwood-Panele das Panorama der 4200 Meter hohen Teton Range – und aus dem geheizten Schwimmbecken steigt der Dampf vor den schroffsten Skihängen der Rockies auf

Geöffnet:
ganzjährig

Preise:
ausschließlich Suiten in verschiedenen Preisklassen ab 561 €, im Winter inkl. Transfer zur Amangani Lounge im Skigebiet

Informationen:
Amangani
1535 North East Butte Road
Jackson, Wyoming, 83001
Tel. 001-307/73 47 33
www.amangani.com

Die Gipfel der Entbehrung

In den Dörfern des äthiopischen Hochlands hungern die Menschen. Bewaffnete Ranger verwehren den Armen den Zugang zu den letzten fruchtbaren Weidegründen – um das Aussterben einer seltenen Wolfsart zu verhindern. Denn nur wenn der Wolf überlebt, sagen Naturschützer, haben auch die Bergbewohner eine Chance

TEXT: ANDREAS WEBER FOTOS: RALF KREUELS

Auf den Höhen des Semiengebirges blieben vom ursprünglichen Bergwald nur wenige Bäume

Gras ist im äthiopischen Hochland eine lebenswichtige Ressource: Ein Wildhüter greift zwei Männer auf, die im Schutzgebiet von Guassa Halme für das Dach ihrer Rundhütten gestohlen haben. Auf den kargen Plateaus werden immer mehr Häuser errichtet, obwohl der Boden die Menschen nicht ernähren kann

Eigentlich sollte er zur Schule gehen. Doch wie viele andere Kinder im Semiengebirge muss dieser Junge tagsüber die Schafe seiner Familie hüten

Steiniges Dasein: Im Dorf Debre Gora Mariam teilen sich Bewohner und Vieh staubige Pfade und fensterlose Hütten

Einsamer Nomade: Noch etwa 75 Äthiopische Wölfe streifen durch das Grasland von Guassa

Lange war die Natur heilig, ihre Nutzung beschränkt. Das rettete den Wolf – vorerst

Die drei Milizionäre sehen aus wie Bettler. Ihre Gesichter sind hohlwangig, ihre schmutzigen Anzüge vielfach geflickt. Gegen die Morgenkälte haben sich die Männer in zerrissene Decken gewickelt. Langsam wandern sie durch das trockene Gras den Hügel hinab, einer hinter dem anderen, in weiten Abständen. Der Erste geht barfuß, ein anderer in Gummisandalen, die schon ein paarmal genäht wurden. Über den schmächtigen Schultern baumeln uralte Gewehre russischer Bauart.

Von den steinernen Bergkuppen fährt der Wind herab, streicht durch dichte Halme und schüttelt die Blütenstände vereinzelter Fackellilien. Knisternde Wiesen überall. Keine Kuh brüllt in diesen Hängen, kein Acker furcht das gleichmäßige Silbergrün ihres Bewuchses. Dort unten aber, wohin die Männer zurückkehren, sind die gepflügten Halden braun vor Staub und Steinen.

Die Milizionäre bewachen ein verbotenes Land. Sie dürfen das Gras hier oben nicht anrühren, obwohl ihre Kühe so hungrig sind, dass ihre Rippen durch die trockene Haut stechen. Das Vieh zertrampelt die letzten schütteren Halme im Tal, und auf den Gipfeln steht das Gras hoch und duftet nach Thymian und Immortellen. Doch diese Welt ist für ein Wesen reserviert, das vor den Menschen immer weiter flüchten musste, eines der seltensten Raubtiere der Erde: der Äthiopische Wolf.

Höchstens noch 500 Exemplare von *Canis simensis* streifen durch die letzten ursprünglichen Flecken des äthiopischen Hochlandes. Der schlanke Räuber mit den langen Beinen und dem rötlichen Pelz kommt ausschließlich in Äthiopien vor, in wenigen zersplitterten Populationen, von denen viele zu klein sind, um überleben zu können. In den Almen der über 3000 Meter hohen Berge von Guassa in der zentraläthiopischen Region Shoa haben knapp 75 Tiere überdauert.

Dass sich in dieser Agrarwüste 95 Quadratkilometer ursprüngliches Bergland erhalten haben, ist nur einem jahrhundertealten Landnutzungssystem, dem *qero*, zu danken. Anders als auf den meisten Flächen des Hochlands reguliert der Qero die Nutzung des Weidelandes. Damit das Vieh die ausgedörrte Pflanzendecke nicht zertrampelt, sieht das System Ruhezeiten in der schlimmsten Trockenheit vor, wie jetzt im Juni. Der Qero half den Menschen, im Hochland zu überleben. Nun hilft er dem Wolf, verstärkt durch bewaffnete Miliz, die alle Menschen vom Grasland fern hält.

Immer wieder begegnen die Milizionäre auch an diesem Morgen den Wölfen. Ihr Kläffen und Belfern hallt zwischen den Steilhängen hin und her, als sich die Mitglieder des Rudels so ausgelassen und schwanzwedelnd begrüßen wie junge Hunde. Die Nacht hat jeder Wolf allein auf einem Graspolster verbracht, dicht zusammengekugelt, denn nach Sonnenuntergang sinkt eisige Kälte auf die Gipfel herab. In vielen Nächten ist das Wolfsfell morgens von einer Reifschicht bedeckt. Erst wenn ›

Mühsal für das tägliche Brot: Vor den mit Farbe verzierten Wänden ihrer Hütte mahlt eine Frau Getreide zwischen Steinen. Die Bedingungen im äthiopischen Hochland haben sich seit Jahrhunderten kaum geändert, die Lebenserwartung ist eine der niedrigsten der Welt: 42 Jahre

Bis in unwirtliche Höhen *haben die Menschen ihre Äcker ausgedehnt. Dürre Gerste sprießt noch in 4000 Metern aus einer harten Erde*

Kostbare Halme: Zwischen den Häusern von Debre Gora Mariam reifen die Korn-Ähren. Bis zur Ernte müssen die Bewohner darben – auch Menda Adofres und seine zweijährige Tochter Walawerk. In anderen Dörfern aber sind die Wiesen abgefressen und ausgedörrt

es hell wird, gehen die Tiere auf Jagd. Dann zerteilen ihre Schritte das Gras, die wogenden Ähren blitzen auf im Sonnenlicht und für einen Moment sieht es so aus, als ob die Wölfe einen Funkenschweif hinter sich herziehen.

„Afroalpin" nennen Ökologen diese Bergwiesen, die auf einer Höhe beginnen, wo in Europa schon ewiger Schnee läge. Die Landschaft ist karg, der Zug der Hänge nur unterbrochen durch die meterhohen Stauden der Riesenlobelien, die in Gruppen verstreut stehen und in dieser großen Höhe wirken wie Ananaspflanzen in den Alpen. Ab und zu lässt sich eine Alpenkrähe oder ein Klunkeribis vom Aufwind die Hänge hinauftragen.

Nur das Rascheln der Nager im Gras ist zu hören, wenn sie durch einen ihrer unzähligen ausgetretenen Hohlwege huschen. Sonderbare Spezies wie die Äthiopische Kusu-Grasratte und eine besonders große Maulwurfsrattenart konnten sich hier entwickeln. In Guassa müssen die Wölfe nie hungern. Sie schnüren über die Hänge und schnappen mit ihren schlanken Schnauzen dann und wann nach einem Nagetier. *Canis simensis* ist ein genügsamer Nomade, der sich nicht für Rindfleisch interessiert, und diese Zurückhaltung hat ihm wahrscheinlich bis heute das Überleben gesichert.

Dass die Menschen die letzten Grasflächen so verbissen bewahren, ist auch das Werk von Zelealem Tefera. Der Biologe aus Addis Abeba kämpft für den Lebensraum des Wolfes. Er hat in jahrelanger Arbeit ein feines Netz aus Begünstigung und Bedrohung zwischen den 56 000 Bewohnern von Guassa, der Distriktverwaltung und den Behörden in der Hauptstadt gewoben. Zelealem hat vor dem Schicksal des übrigen Landes gewarnt und so einige der Ältesten auf seine Seite gezogen.

Wer die wirkliche Macht in diesen Bergen hat, ist schwer zu ergründen. Denn Guassa ist kein offizielles Schutzgebiet, seine Wahrung daher angewiesen auf die Kooperation der Bewohner. Ein Komitee entscheidet, wann das Gras genutzt werden darf, nicht der Wunsch einzelner Dörfer, egal wie elend es ihnen geht. Der Staat ist in der Wildnis nicht präsent: Es gibt keine Polizei, nur die Miliz der Einheimischen.

Unterstützt wird Zelealem vom Ethiopian Wolf Conservation Programme. Die Organisation mit Sitz an der Universität Oxford sorgt für Geld von ausländischen Stiftungen. Die Fäden zieht Stuart Williams, ein junger britischer Zoologe in Addis Abeba. „Nur durch den Schutz der Natur lässt sich die Ernährung sichern", sagt er. Daher geht es in Guassa nicht nur um die Erhaltung des Wolfs. Vielmehr, so sagt Williams, „ist der Wolf eine Schlüsselart für die afroalpine Region" – für das Dach Äthiopiens, das im Herbst den Regen für das ganze Land sammelt und ihn in die Ebenen speist.

„Wolf und Mensch sind keine Konkurrenten", predigt auch Zelealem und versucht so, die Bevölkerung zu überzeugen. „Im Gegenteil: Nur wenn der Wolf überlebt, schafft es auch der Mensch."

Die Bewohner haben keine anderen Ressourcen als das Gras von Guassa. Ihr Vieh frisst es, sie decken ihre Hütten damit, weben Seile daraus, Decken, Hüte. Es ist eine paradoxe Situation: Wenn sie Guassa nicht betreten dürfen, sind die Menschen dem Hungertod nah. Aber wenn sie die Almen zerstören, ist die Hoffnung dahin, wird der Regen auch hier die fruchtbare Erde die Hänge hinabspülen. Dann werden beide verloren haben: Mensch und Natur.

Doch die Männer murren. Ihre Kinder darben, und ihr Vieh stirbt. Als die Milizionäre von ihrem Streifzug in ihr Dorf Debre Gora Mariam zurückkehren, treffen sie sich mit dem Stammesältesten zur Beratung.

In der runden Hütte ist es dämmrig. Licht sickert durch die niedrige Tür, neben der ein kleiner Spiegel und ein grüner Regenschirm hängen. Verirrte Sonnenstrahlen blitzen durch die Löcher im Lehmbelag der Wände und im Dach aus Gras. Hühner gackern zwischen den dünnen Beinen der Männer, ein Ochse stampft in seiner Streu neben der Feuerstelle. Eine Frau kauert dort, die Füße in die rauchende Asche geschoben, anscheinend ohne Schmerz. Wie bei vielen hier bildet Hornhaut unter ihrer Sohle eine dicke Kruste, hart wie Huf.

Die Milizionäre hocken auf feuchten, ungegerbten Fellen, jeder gehüllt in seinen Umhang, das Kinn auf den Gewehrlauf gestützt. Ihre Gestalten sind Schatten, aus denen weiß die Augen leuchten. „Wir haben seit der letzten Regenzeit schon 40 Kühe verloren", sagt Bagasho, der Älteste. „Zur Zeit meiner Großeltern war Guassa nur manchmal geschlossen. Heute ist es ständig gesperrt. Dabei leben hier heute mehr Menschen. Jetzt brauchen wir alles." Die Dörfler haben schon einen Sonderantrag bei der Distriktverwaltung in Mehal Meda gestellt, um die Entscheidung des Guassa-Komitees zu unterlaufen. Doch in der einen Tagesmarsch entfernten Barackenstadt hat man sich für nicht zuständig erklärt. Unverrichteter Dinge mussten die Männer umkehren. Langsam sind sie durch die schattenlose Hochebene marschiert, vorbei an bettelnden Kindern vor Hütten aus rostigem Wellblech, vorbei an verwitterten Schildern der *World Vision*-Hungerhilfe.

In Wahrheit sind die Biologen schuld, sagen die Männer. „Zelealem trifft sich niemals mit der Bevölkerung, sondern immer nur mit Regierungsvertretern", klagt Belahun Taka, der Priester, der Einzige, der ganz in makelloses Weiß gehüllt ist. Er ist der Repräsentant der Macht von einst. Die äthiopisch-orthodoxe Kirche verlieh den Regeln der Qero-Landnutzung Autorität, als die Religion noch zentraler Bestandteil der äthiopischen Gesellschaft war, vor dem Umsturz durch Mengistus sozialistisches Regime.

Für die Kirche waren Tier und Pflanze heilig, als Bestandteile ein und derselben Schöpfung. Was von der Vegetation unterhalb solcher Hochlagen wie Guassa geblieben ist, fand daher bis heute auf Kirchhöfen Asyl. Um die mit Wellblech beschlagenen Rundtempel bilden alte Schirmakazien, Baumheiden und riesenhafte Euphorbien grüne Oasen in der kargen Landschaft, schwirren Vögel, die hier wie Schiffbrüchige in den letzten einheimischen Bäumen gestrandet sind.

Sonst bedeckt vor allem eingeführter australischer Eukalyptus das Land mit schütterem Grün. Keine andere Vegetation gedeiht darunter, so sehr saugen diese Bäume jeden Tropfen Wasser auf. Wohl kaum eine Region der Erde hat in einem solchen Maß ihre ursprüngliche Pflanzendecke eingebüßt wie das Hochland von Äthiopien. 97 Prozent der ursprünglichen Vegetation, schätzt Williams, sind umgewandelt – vor allem in Äcker und Viehweiden, um immer mehr Menschen notdürftig durchzubringen. Innerhalb der letzten 60 Jahre schnellte die Bevölkerung des Landes auf das Zehnfache empor. Von diesen 70 Millionen leben 80 Prozent im Hochland. „Hier ist es gesünder", sagen sie, „hier gibt es keine Malaria."

Längst haben sich Äcker in Höhen hinaufgeschoben, die einst als unbewohnbar galten. Dürre Gerste sprießt noch in über 4000 Metern aus einer harten Erde, deren Neigung manchmal 45 Grad übertrifft. Doch die Erosion macht erobertes Land in wenigen Jahren zur Felsenwüste. Zurück bleibt das Skelett der Erde, nackte Hänge, die in unzugänglicher Schroffheit den Ausblick versperren wie ein versteinerter Pazifik aus Basalt. Rückgängig gemacht scheinen die Millionen Jahre, die Pflanzen, Pilze und Bakterien gebraucht haben, um den Stein mit einer grünen Haut zu überziehen. Zwischen Guassa und Mehal Meda wirkt es so, als pflügten die Bauern Steine und fräßen die Rinder Staub.

30 Millionen Kühe halten die Menschen in Äthiopien, mehr als in jedem anderen afrikanischen Land. „Die Rinder dienen weniger der Ernährung als der Brennstoffgewinnung", sagt Williams. „Wo es kein Holz mehr gibt, muss ihr Dung das Feuer unterhalten." In manchen Gegenden grasen mehr als 300 Tiere auf einem Quadratkilometer. Dort schaben die Herden die letzten Wurzeln aus dem Boden, vertreiben Wildtiere in die steilsten Klippen.

Doch die Menschen sind zu arm, um ihren Zustand zu ändern. Sie führen ein Leben praktisch ohne Bargeld, auf einem Niveau, das in vielem der Steinzeit entspricht. Die Felder werden mit Pflügen umgebrochen, die wenig mehr sind als metallbeschlagene Astgabeln. Und das meiste Land gehört noch immer dem Staat. Für Investitionen besteht kein Anreiz.

So schützt Millionen Hochlandbewohner nur ständige Nahrungshilfe vor einer akuten Hungersnot. In den zahlreichen Barackensiedlungen entlang der Straße verteilen Hilfsorganisationen zweimal im Monat Sorghum. Weiß leuchten die Kunststoffsäcke mit den Emblemen ❯

Wo es nur möglich war, haben die Bewohner von Debre Gora Mariam die Hänge mit Feldern terrassiert

Wie viele Milizionäre hat Demessi Woldesehaile als Soldat im Bürgerkrieg gegen Eritrea gekämpft. Im Hauptberuf ist er Bauer. Die Familien im Hochland halten Ziegen und Schafe, manche ein Rind und einen Esel – statistisch kommt auf fast jeden der 70 Millionen Äthiopier ein Stück Vieh

Die Lösung, sagt ein Ökologe, *bestehe darin, mit der Natur Geld zu verdienen, statt sie zu zerstören*

Engel der Straße: Priester Ambo Flate zieht als Bettler über staubige Hochlandpisten. Mit seinem schweren Goldkreuz segnet er die Menschen am Wegrand, die Bewohner der Dörfer und Barackenstädte, die zum Wasserholen oft kilometerweit mit Kanistern auf dem Rücken laufen müssen

von EU und USA zwischen dem braunen Staub der Straße, zwischen den grünen und blauen Decken, unter denen die Empfänger auf dem Boden hocken.

Die Zahl der Hungernden steigt nach einer Schätzung äthiopischer Ökonomen jedes Jahr um mehr als drei Prozent. Das Elend nimmt zu, wenn auch weniger spektakulär als in den 1980er Jahren. „Wenn es nur einmal zu spät regnet, bricht eine Hungersnot aus", so Williams – erst 2003 wieder machte Trockenheit über 13 Millionen von Hilfslieferungen abhängig. Doch auch so sind fast alle unterernährt, haben die Kinder Beine wie Stöcke, die Männer Knie wie junge Mädchen. Als „pockets of famine" bezeichnen Ernährungsexperten das Phänomen des schleichenden Todes irgendwo in abgelegenen Talsystemen. Denn dass Menschen darben, heißt nicht, dass es nirgendwo etwas zu essen gäbe: Selbst in Mehal Meda kann, wer Geld hat, eine große Platte mit duftender Injera, dem äthiopischen Fladenbrot, und frisch gebratenem Fleisch bestellen, während hinter den Bergkuppen Mittellose verhungern.

Immer wieder begegnen die zerlumpten Milizionäre aus Debre Gora Mariam Figuren, die noch elender sind als sie selbst. Wie der junge Mann, der langsam und gebeugt die Klippen hinabwandert, sein Gesicht von Falten aus Gram und Hunger zerfurcht, eine Sichel unter der zerschlissenen Decke an den Körper gepresst. 1500 Meter tiefer, unter steil abstürzenden Felsen, breiten sich die Felder des Rift Valley aus, ein unendlich fernes Mosaik aus Gelb und Grün. Dort gebe es vielleicht Arbeit bei der Ernte, sagt der Mann, damit er seine vier hungernden Kinder durchbringen könne.

Die Miliz stößt auf Gestalten wie die beiden Grasdiebe, denen der Sturm die Hütten abgedeckt hat und die nun im verbotenen Almland die drahtigen Halme zu dicken Bündeln auftürmen. Sie trifft auf den Mann, der seine Esel ins Grün treibt, mit demütig gesenktem Kopf die Schelte der Milizionäre anhört und sich dann trollt – nur um hinter dem Rücken der Bewaffneten wieder kehrtzumachen. „Hier draußen gibt es nur wenige Lösungen", sagt Stuart Williams. „Eine Lösung besteht darin, Geld *mit* der Natur zu verdienen, statt sie zu zerstören." Darin, dass die Bewohner das Land, wie in Guassa, bewahren, um auch sich selbst eben noch zu erhalten.

Ein solcher Versuch findet auch in dem Semiengebirge statt. In diesen zerklüfteten Vulkankegeln, einige hundert Kilometer nördlich von Guassa, streckt sich das Hochland noch einmal gewaltig empor. 4620 Meter ragt der Ras Dashen, der vierthöchste Berg Afrikas, in die dünne Luft des tropischen Himmels. Wohl an kaum einer anderen Stelle präsentiert sich die Erde in einer solchen Ekstase der Schroffheit. Zersplitterte Schlackekegel wechseln mit gähnenden Canyons ab. Dazwischen spannen sich die dünnen Laken der baumlosen Hochtäler. Die Ausblicke sind spektakulär, erschreckend unwirklich.

Die Rechnung ist einfach: Wie die großen ostafrikanischen Safariparks soll das Semiengebirge zahlende Touristen anlocken und deren Devisen in den lokalen Wirtschaftskreislauf einspeisen. Für eine Nation, in der jeder Zweite im Schnitt mit weniger als einem Euro am Tag auskommen muss, sind die rund 20 Euro, die ein Tag Aufenthalt im Park kostet, ein Segen, der sich bis in die feinsten Verästelungen der Gesellschaft spüren lässt. Schon jetzt ernähren die Einkünfte des Nationalparks einige Hotels und Läden, dazu die Eseltreiber, die Trekkinggruppen begleiten, die Scouts und all die Guides und Sub-Guides, die Straßenkinder mit ihren Schniefnasen und Blähbäuchen, die plötzlich im Camp stehen und ungefragt helfen und ganz am Ende der Kaskade des Geldflusses ein paar Münzen abschöpfen. ›

Grand Canyon Afrikas: An der Geech-Schlucht stürzen die Felswände Hunderte Meter tief zu Tal

„Das ist der heilige Gral der Entwicklungspolitik", meint Williams: „die Einnahmen zu erhöhen, die nicht aus dem Landbau stammen. In dem Balegebirge etwa sichert das Wolfsprojekt das Überleben der ganzen Stadt Dinsho." Dann zitiert der Forscher das Beispiel Tansanias, das heute 600 Millionen Dollar vornehmlich mit Öko-Tourismus verdient – Äthiopien nimmt nur 80 Millionen ein, und die Touristen interessieren sich bislang weniger für die Natur als vielmehr für die historischen Stätten des Landes.

Doch Williams gibt zu, dass Äthiopiens Naturkapital verbraucht sein könnte, bevor es Zinsen abwirft. Der Semiengebirge-Nationalpark gehört zwar zum Unesco-Weltnaturerbe, doch seine Schatzkammern sind leer. Anders als in Guassa vermögen auch die strengen Parkregeln nicht, die Almen vor der Plünderung, die Wälder vor dem Kahlschlag zu schützen. Zu groß ist die Übermacht hungriger Menschen. Es ist, als existiere der Park als Schutzgebiet gar nicht. Nur die Steilhänge entlegener Schluchten tragen noch das undurchdringliche Dickicht der alten Bergwälder. Nur hier spenden noch ausladende Bäume Schatten, flattern die Blüten der abessinischen Rose an mächtigen Ranken.

Aber selbst an den Steilhängen sind überall frische Einschläge zu sehen. Eine Hacke hat Narben in einer alten Baumheide hinterlassen, am Ansatz ihrer krummen Äste, die von kleinen weißen Orchideen bedeckt sind. In der Ferne hallen Hiebe. „In fünf Jahren wird hier der letzte Baum geschlagen sein", sagt Mulat, einer der offiziellen Führer, die der Park Besuchergruppen mitgibt. Der Walie-Steinbock zum Beispiel, eine endemische Art, ist auf 200 Exemplare in den schroffsten Felsen zurückgegangen. Und im Park, schätzen die Biologen, leben inzwischen weniger als 40 Wölfe, obwohl das Gebiet doppelt so groß ist wie Guassa.

Dessen Almen sind für Stuart Williams das am besten erhaltene Stück alpinen Hochlandes in Äthiopien – und das ganz ohne offiziellen Schutzstatus. Guassa wurde nicht von westlicher Umwelthilfe gerettet, sondern von einem Gemeinschaftsdenken, das die Natur schon vor Jahrhunderten nicht als Widersacher, sondern als Garanten des Überlebens sah, das nachhaltig war, bevor das Wort erfunden wurde. Die Einsamkeit der Bergwiesen ist ein Erinnerungssplitter, der von dieser Zeit erzählt.

Bei ihrer abendlichen Patrouille durch das Gras von Guassa treffen die Milizionäre von Debre Gora Mariam einen Wolf, der in einem trockenen Bachlauf geschlafen hat. Aufgeschreckt eilt er den Hügel hinauf, bewegt sich in langen Sprüngen durch die Immortellen, zerteilt das Meer ihrer Rispen zu einem silbernen Kielwasser, hinauf, hinauf, bis hart unterhalb des Hügelkamms. Dort bleibt der Wolf stehen und wendet sich langsam um. Er sieht lange aus seinen schwarzen Hundeaugen herüber, bevor er ins Nachbartal taucht. Oben am Kamm lässt die Sonne für eine Sekunde sein Fell aufleuchten. Vom anderen Hang fliegt das Singen der Kinder herüber, die aus der Schule nach Hause gehen. ∎

Meistens schliefen Fotograf **Ralf Kreuels**, 41, und Autor **Andreas Weber**, 37, im Zelt unter dem Sternenhimmel des Hochlandes. Auf dem Weg zm Semiengebirge aber riss die Hinterachse ihres Geländewagens. Eine Extranacht im Hotel war nötig – mit eher schlichtem Komfort, aber exzellentem Essen.

Präparierte Abfahrt auf 260 Kilometer Länge: das österreichische Skigebiet Arlberg

Auf der Alm, da gibt's koan Schnee

TEXT: ANKE SPARMANN

RUND DIE HÄLFTE ALLER SKIORTE IN DEN ALPEN WIRD IN DEN NÄCHSTEN JAHREN IHRE SCHNEESICHERHEIT VERLIEREN – EINE FOLGE DES GLOBALEN KLIMAWANDELS. MEHR SCHNEEKANONEN UND HÖHER GELEGENE SKIGEBIETE SOLLEN DIE WINTERSAISON SICHERN. VISIONÄRE ABER PLANEN SCHON FÜR DIE ZEIT NACH DEM SCHNEE: MIT WELLNESS IM ZENGARTEN UND INDOOR-SKIHALLEN

Hier bleibt viel Geld auf der Piste: Am Pardatschgrat kostet die Magnumflasche Champagner über 350 Euro

Es dauert nie lange, bis die Sprache auf die Gäste kommt. „Zu uns nach Lech", erklärt Michael Manhart, „reist der wahre Ski-Fan." Der kauft einen Skipass, logiert zwei Wochen im österreichischen Vorarlberg und hat meist auch noch seine Kinder dabei, die hier das Skifahren lernen. So einem Top-Gast müsse man natürlich etwas bieten, sagt Manhart – und das Mindeste, was der Top-Gast in seinem Winterurlaub erwarten darf, ist: Schnee.

Wer weiß, vielleicht war Michael Manhart tatsächlich der Erste, der von künstlicher Beschneiung gesprochen hat. Manhart ist 62, seine Visitenkarte weist ihn als Geschäftsführer der Skilifte Lech aus. Er selbst nennt sich „Kunstschneepapst". Bereits zu Beginn der 1970er Jahren will er auf einer Sitzung des Gemeinderats das Wort Kunstschnee in den Raum geworfen haben – zum Gelächter der Anwesenden. „Inzwischen", sagt Manhart, „schneien wir hier alles in Grund und Boden."

Lech am Arlberg liegt rund 1450 Meter über dem Meeresspiegel, das Skigebiet in unmittelbarer Nähe des Ortes reicht bis weit über 2000 Meter und gilt gemeinhin als schneesicher. Weiße Winter dauern in dieser Höhe häufig bis in den Mai. Doch selbst in guten Wintern, erzählt Manhart, komme zu dem natürlichen Schnee noch einmal die gleiche Menge an Kunstschnee hinzu. Mindestens eine Million Kubikmeter landen bereits zu Beginn jeder Saison auf Lecher Pisten. Denn um einen Wintersportort attraktiv zu machen, reicht schon lange nicht mehr die Aussicht darauf, dass es irgendwann im Winter gewiss schneit. Der Schnee muss zur rechten Zeit liegen – zu Weihnachten, an den Wochenenden, über die Ostertage. Und meist kann es gar nicht genug davon geben.

Jeder Skifahrer wirbelt Schnee auf, die Reibung seiner Bretter erzeugt Wärme – mit der Folge, dass ein Teil des aufstiebenden Schnees verdunstet. Wedeln täglich Tausende Touristen denselben Hang hinunter, schwindet eine natürliche Schneedecke schnell. Künstlicher Schnee dagegen weist eine andere Beschaffenheit auf: Er ist rund fünfmal kompakter, entsprechend länger hält eine Kunstschneepiste.

Richtig „künstlich" ist an Kunstschnee im Prinzip nichts. Wie gewöhnlicher Schnee besteht er aus Luft und Wasser – aus Pressluft, die in einer Düse mit einem Wasserstrahl zusammengeführt wird. Bei Frost kristallisiert das Gemisch zu Schnee, der auf die Piste rieselt. Der Protest von Naturschützern gegen die künstliche Beschneiung fällt verhalten aus – Nachteile und Nutzen für die Umwelt halten sich in etwa die Waage. Einerseits verbraucht die Produktion von Kunstschnee beachtliche Mengen an Energie und Wasser. Auf der anderen Seite schützt eine dicke Decke die Vegetation der Almwiesen vor Bodenfrost und harten Skikanten.

In ganz Österreich werden mittlerweile rund 40 Prozent aller Pisten künstlich beschneit. Spätestens nach den drei extrem flockenarmen Wintern Ende der 1980er Jahre haben viele Wintersportorte mit Schneelanzen und -kanonen aufgerüstet. Und nach jeder Saison ohne ergiebigen Naturschnee investieren sie wieder Riesensummen in neue Beschneiungsanlagen – mehr als 70 Millionen Euro allein nach dem Winter 2002/2003. Doch wenn die Prognosen der Klimaforscher eintreffen, werden bald noch so große Mengen an Kunstschnee

Spot an fürs Wintervergnügen: Dank Flutlicht soll die Abfahrt am Achter Jet bei Flachau zweimal die Woche bis 21.45 Uhr geöffnet bleiben. Raupen verteilen den kostbaren Schnee auf der Piste

Volles Rohr: Eine Schneekanone bei Ischgl sprüht feine Wassertropfen über den Hang, die in eisiger Luft sofort kristallisieren. Der so erzeugte Schnee ist wesentlich kompakter als natürlicher

> Die Wintersportorte liefern sich ein Wettrüsten – mit immer mehr Kunstschnee, immer mehr Bergbahnen

vielerorts keinen weißen Winter mehr erzeugen. Denn damit Druckluft und Wasser zu Schnee ausflocken, muss es unter null Grad kalt sein. Genau da liegt das Problem: Nicht an Schnee könnte es den Wintersportorten mangeln, sondern an Kälte.

Weltweit wird es wärmer. In den vergangenen 100 Jahren sind die Durchschnittstemperaturen auf der Erde um durchschnittlich 0,6 bis 1,0 Grad Celsius gestiegen. Bis zum Jahr 2100, nehmen Klimaforscher an, wird sich die Erde um weitere 1,4 bis 5,8 Grad erwärmen. Wie stark der Wandel ausfällt, hängt unter anderem davon ab, wie sich der Verbrauch fossiler Brennstoffe und damit der Ausstoß so genannter Treibhausgase in die Atmosphäre entwickelt. Heute schon aber kann man messen, dass sich unser Planet nicht gleichmäßig erwärmt. Der Klimawandel schreitet ausgerechnet auch in einigen geographischen Breiten überdurchschnittlich rasch voran, in denen mit dem Wintertourismus viel Geld verdient wird. Auf der Zugspitze etwa ist es in den letzten 100 Jahren ein ganzes Grad wärmer geworden, in tieferen Lagen der Alpen sind die Temperaturen sogar um zwei Grad gestiegen. Wissenschaftler vermuten, dass dieses Phänomen vor allem darauf zurückzuführen ist: Landoberflächen erwärmen sich rascher als Meere, weil große Wassermassen nur sehr träge auf Temperaturänderungen reagieren. Und weil die größten Landmassen in der nördlichen Hemisphäre liegen, wandelt sich das Klima hier offenbar stärker als auf der südlichen Halbkugel.

Die Null-Grad-Grenze ist mit den Temperaturen bereits geklettert – im Vergleich zum Jahr 1900 um etwa 250 Meter. Als Münchner konnte man noch vor 30, 40 Jahren in einer Autostunde Gebiete mit guten Schneeverhältnissen erreichen, heute fährt man nicht selten drei, vier Stunden – bis in die Hochalpen.

Im Auftrag der Vereinten Nationen hat ein Team von Schweizer Wirtschaftsgeographen erforscht, was eine weitere Erwärmung für den Wintertourismus bedeuten wird. Rolf Bürki, Mitglied der Forschungsgruppe, schätzt, dass rund die Hälfte aller Skiorte in den Alpen über die nächsten Jahre ihr wichtigstes Kapital einbüßen dürfte – die Schneesicherheit. Denn deren Grenze wird weiter klettern. Von heute gut 1200 Meter auf etwa 1600 bis 2000 Meter in den kommenden 30 bis 50 Jahren. Das bedeutet, dass Niederschlag unterhalb dieser Marke immer häufiger als Regen niedergehen wird, der seltene Schnee rasch taut. Weil dann auch kein Kunstschnee mehr liegen bleiben wird, suchen viele Wintersportorte ihr Heil in den Höhen: Rückt der Schnee hinauf, rücken sie ihm nach. ›

Im Tiroler Paznauntal, 1377 Meter über dem Meeresspiegel, liegt Ischgl. Während auf den Berggipfeln im April noch Bilderbuchwinter herrscht, nieselt es im Tal bereits. Immer kläglicher wird der Rest von schmuddeligem Weiß, das die Raupen zu einer Abfahrt zusammenschieben. Hannes Parth sitzt in Hemd und Schlappen in seinem Büro. Von draußen hört man das Klackern von Skistiefeln auf dem nassen Asphalt und regelmäßig das Rumpeln der Seilbahn. Parth ist Vorstand des hiesigen Seilbahnunternehmens, der Silvretta Seilbahn AG. Vor 23 Jahren hat er bei der Firma angefangen – wahrscheinlich nimmt er das Rumpeln schon gar nicht mehr wahr. Die Bahn bringt die Ischgler Gäste hinauf auf die verschneite Idalp. Von dieser Bergstation aus führen weitere Bahnen in höhere Regionen; insgesamt zählt das Skigebiet des Ortes und der benachbarten Gemeinde Samnaun 42 Liftanlagen und über 200 Kilometer präparierte Pisten. Und es sollen noch mehr werden.

Etwa zehn Kilometer Luftlinie von Ischgl erhebt sich der Piz Val Gronda, ein 2812 Meter hoher Berg, weglos, mit breitem Buckel und runden Flanken. „Mit nur einer Bahn ließe sich da ein schönes neues Skigebiet erschließen", sagt Parth. Auf Ischgls Pistenkarten ist das Projekt Piz Val Gronda schon eingezeichnet, eine fein gestrichelte Linie, die steil in die Höhe führt. Genehmigt ist die Bahn noch nicht, und es gibt gute Gründe, sie nie zu bauen.

Das Gebiet rund um den Piz Val Gronda weist seltene Gesteinsformationen auf und einige pflanzliche Raritäten. Eine Anzahl von Universitäten forscht deshalb hier. Es ist das Areal von Skitourengängern und Bergwanderern, die am Berg in einer Hütte übernachten. Und schließlich trifft man in Ischgl Gäste, die erzählen, sie hätten beileibe noch nicht das gesamte Skigebiet erkundet – obwohl sie seit vielen Jahren jeden Winter kommen. Warum also braucht der Ort eine Seilbahn auf den Piz Val Gronda? Parths Antwort klingt wie die Verkündigung eines Gesetzes: „Wir müssen der Konkurrenz immer einen Schritt voraus sein."

Etwa seit Mitte der 1980er Jahre stagniert die Zahl der Alpentouristen. Immer

> Trotz Trendsportarten wie Carving und Snowboarding: Der Wintertourismus stagniert auf hohem Niveau

mehr Leute wollen im Winter lieber in die Sonne. Und – was sich noch vor 20 Jahren niemand vorzustellen vermochte: Skifahren ist ein wenig aus der Mode gekommen. Trends wie Snowboarding oder Carving haben das Geschäft kurzfristig noch einmal belebt. Insgesamt aber ist der Markt eng. Den Wettbewerb um Wintergäste nennen Tourismusexperten schon heute wahlweise „beinhart" oder „gnadenlos" – und mit dem Klimawandel dürfte sich der Kampf noch verschärfen.

Laut einer Umfrage würde fast die Hälfte der Skitouristen den angestammten Urlaubsort wechseln, wenn dieser keine Schneesicherheit mehr bieten könnte. Jeder dritte würde weniger Ski fahren. Vier Prozent gaben an, dem Skisport in diesem Fall ganz abzuschwören. Schon jetzt ist klar, dass es viele Verlierer geben wird unter den Wintersportorten. Und wenige Gewinner. Ischgl will zu den Gewinnern gehören.

Es ist nicht der erste Anlauf, den die Ischgler auf den Piz Val Gronda unternehmen. In den vergangenen Jahren wurde das Projekt immer wieder von der Landesregierung abgelehnt. Dieses Mal soll nichts ungeschehen bleiben, um die fein gestrichelte Linie auf der Pistenkarte endlich in einen durchgezogenen Strich zu verwandeln. Lokalpolitiker berufen sich auf angeblich bereits gegebene Zusagen von Landespolitikern. Und die Gemeinde Ischgl hat eigens eine Broschüre zum „Projekt Skigebietserweiterung Piz Val Gronda" drucken lassen. In ihr kann man Sätze finden wie: „Die Hochgebirgswelt ist groß genug für alle." Oder: „Gäbe es heute keinen Tourismus, würde das Dorf entsiedelt."

Nicht nur, aber auch wegen solcher Sätze kommt Josef Essl schon mal die Wut hoch. „Entsiedelung – von wegen: Ischgl ist die reichste Gemeinde Tirols." Das Ganze sei ein Krimi, schimpft er. Essl ist Mitarbeiter der Abteilung Raumplanung – Naturschutz beim Österreichischen Alpenverein. Der Fall Piz Val Gronda füllt sechs rote Aktenordner in seinem Innsbrucker Büro – und er ist nur einer unter vielen. Alpenweit zählen Naturschutzorganisationen mehr als 100 neue Erschließungsprojekte. Sie beobachten entsetzt, dass plötzlich wieder Areale zur Diskussion stehen, die in den 1980er und 1990er Jahren unter strengen Schutz gestellt wurden. „Die Seilbahner rennen den Politikern die Türen ein", sagt Josef Essl. „Wenn sich eine Gemeinde in ihrem Prospekt mit einem neuen Gebiet anpreist, müssen die anderen nachziehen. Die schaukeln sich gegenseitig auf."

Die Wilde Krimml, einst ein unberührtes Hochtal, ist nach langem Gerangel zwischen Naturschutzorganisationen und Seilbahnunternehmen in der „Zillertalarena" aufgegangen. Im Jahr 2004 entstand so eines der fünf größten Skigebiete Österreichs, in das Tiroler und Salzburger Gemeinden eingebunden sind. In direkter Nachbarschaft Ischgls steht ein weiteres riesiges Erschließungsprojekt an. Die Dörfer des nahen Pitztals und des Ötztals wollen ihre Skigebiete zusammenlegen. Dabei sollen der Gletscher Mittelbergferner und der Linke Fernerkogel zu Skigebieten werden. Beide liegen gut über 3000 Meter hoch. Die am Projekt beteiligten Gemeinden versprechen sich von ihrer Erschließung Schneesicherheit für die nächsten Jahrzehnte. Der Gletscherschutz – erst 1991 im Tiroler Naturschutzgesetz festgeschrieben – wird dadurch völlig aufgeweicht.

Die Beharrlichkeit, mit der die Skiorte in die Höhe drängen, hat eine Vorgeschichte. In Ischgl begann sie in den 1960er Jahren. In den Alpen herrschte damals Goldgräberzeit. Die Winter zwischen 1965 und 1970 waren sehr schneereich, Skifahren entwickelte sich zum Breitensport, und mehr und mehr Gemeinden stiegen in das Geschäft mit dem Tourismus ein. Ischgl hatte dabei zunächst mit widrigen Bedingungen zu kämpfen. Da ›

www.fwa-muc.de
Die schönste Art, high zu sein.
Ice Expert GTX
GORE-TEX
Fragen Sie Ihre Füße.
Ihr Fuß spürt,
dass es ein Lowa ist.
LOWA
...simply more
www.lowa.de

Himmelfahrtsmaschine: Die Glaislachkogelbahn befördert Urlauber ins Skigebiet Sölden, das sich gleich über mehrere Berge und Gletscher erstreckt

sind die schroffen Gebirgskämme, die das Dorf begrenzen, und die rauen Winde, die sie umwehen. Um das Höhenplateau der Idalp zu erreichen, musste ein Tragseil von riesiger Spannweite gezogen werden. Umgerechnet eine halbe Million Euro haben die Ischgler Bauern damals aufgebracht, um die Silvretta-Bahn zu bauen. Bei ihrer Inbetriebnahme, 1964, ist sie die längste Pendelseilbahn Österreichs.

Die Aufwendungen müssen – und sollen – sich bezahlt machen. Gemeinsam mit Sölden im benachbarten Ötztal nimmt Ischgl einen rasanten Aufstieg als Wintersportort. Von Saison zu Saison gibt es mehr Lifte und mehr Pisten, mehr Betten und mehr Gäste in Ischgl. Allein in der Wintersaison 2003/2004 zählte der Ort etwas über 1,2 Millionen Übernachtungen.

Rund 10 000 Gästebetten kommen auf die 1500 Einwohner des Ortes; drei von vier Haushalten bieten Übernachtungen an, und der mit Abstand größte Arbeitgeber im Dorf ist die Silvretta Seilbahn AG. Niemand in Ischgl, der noch ausschließlich von der Landwirtschaft leben würde, niemand, der vernehmlich gegen neue Erschließungsprojekte protestiert. Die Seilbahn hat Wohlstand ins Dorf gebracht – um den Preis der totalen Abhängigkeit vom Tourismus.

Auch Günther Aloys hat Interesse an der Auslastung seines Hauses – an den Piz Val Gronda verschwendet er allerdings keine Gedanken. Aloys ist ein Mann schwer schätzbaren Alters, der Schwarz trägt und einen Hauch Kajal. Er besitzt „Ischgls erstes Designhotel", das „Madlein". Die Jugend nach Ischgl zu holen, ist Aloys wichtig – Stammgäste? „Die hätschelst du, und irgendwann sind sie tot."

> Eine Erlebniswelt mit Bergtreppen, Avantgarde-Hotels, Mountainglider – ist das die Zukunft der Alpen?

Neben den üblichen Wellnessangeboten hat das Madlein einen Zengarten; die hoteleigene Diskothek, das „Pacha", gilt als Single-Treff. Aloys denkt darüber nach, bald einen Hellseher zu beschäftigen, „die Leute stehen zurzeit auf alles Mystische", und Schminkkurse für Männer anzubieten. Das Madlein ist eine Art Experimentierfeld für Aloys. Was hier im kleinen Rahmen funktioniert, würde er gern auf ganz Ischgl übertragen, und es klingt wie die Lösung aller Probleme: Günther Aloys will den Nichtskifahrer als Wintergast gewinnen.

Er denkt an avantgardistische Skihütten, konstruiert von namhaften Architekten, damit die Leute allein wegen der Bauten nach Ischgl kommen, wie sie etwa auch im spanischen Bilbao vor allem Frank Gehrys Guggenheim-Museum besuchen. Aloys denkt an eine Treppe mit 8000 Stufen, die einen von Ischgls schroffen Hängen hinaufklettert – eine Form des Bergsteigens für Ungeübte. An „Mountainglider", die 80 Stundenkilometer schnell ihren Passagieren das Gefühl freien Fluges durch die Alpen vermitteln, in Wirklichkeit aber an Drahtseilen hängen. Und wer dann noch Ski fahren will, kann es in glasumspannten Indoorhallen tun. Vielleicht ist es für solche Gedanken noch zu früh. Im Dorf jedenfalls nennen sie Günther Aloys einen Spinner.

Viele der Hoteliers und Seilbahnbetreiber in den Alpen verschließen ihre Augen vor der Entwicklung: Warme Winter, sagen sie, habe es schon immer gegeben. Schon das Wort Klimawandel ist verpönt. Und auf den Sommertourismus will niemand setzen, denn noch sind die Sommer kurz in den Bergen. In Ischgl endet die Saison Anfang Mai. Dann machen die Wirte selbst zwei Monate Urlaub. Nach der Rückkehr wird der Ort für den Wintergast hergerichtet. Und was noch wichtiger ist: Wer wandert, lässt sich nicht so ergiebig zur Kasse bitten wie ein Skifahrer, der wieder und wieder denselben Hang hinabrast und mit dem Lift wieder hinauf. Ließen Seilbahnbetriebe im Sommer ihre Aufzüge fahren, müssten sie Geld zuschießen. Auch die Hütten würden diesen Verlust nicht wieder hereinwirtschaften: Skifahrer genehmigen sich schon mal ein Glas Champagner für 23,50 Euro an der Bar der Ischgler Bergstation Idalp – doch ein Wanderer? Es kursiert in den großen Wintersportorten ein Ausdruck, an dem sich der Grad der Wertschätzung von Sommerurlaubern in den Alpen ermessen lässt: Man nennt sie Semmeltouristen. **I**

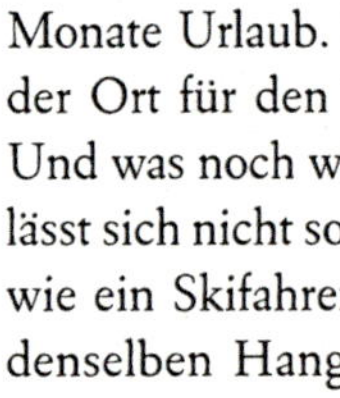

Autorin **Anke Sparmann**, 40, lebt auf dem platten Land nahe Hamburg und hat nie Skifahren gelernt. Ihre Stippvisiten in den alpinen Wintersportorten genoss sie trotzdem – der guten österreichischen Küche wegen.

UMTS
Für sie ist es „Mamafernsehen“.
Für mich die schönste Art mit meiner
Frau zu telefonieren.
Videotelefonie¹ mit dem neuen Motorola V980
Wenn es darum geht, auch von unterwegs Blickkontakt zu Ihren Liebsten zu haben, können wir helfen. Entdecken Sie die Faszination des Telefonierens mit dem neuen UMTS-Handy Motorola V980. Videotelefonie mit Vodafone live! Powered by UMTS. www.vodafone.de
im Vodafone-Shop ab
1 €²
mit Vodafone UMTS-SpezialPaket 200 oder 500
1 Nur bei Verwendung videotelefoniefähiger Endgeräte und UMTS-Netzversorgung bei beiden Gesprächspartnern. Vodafone bietet UMTS-Netzversorgung bereits in 400 dt. Städten.
2 Angebot gilt bis 09.01.2005 und nur bei gleichz. Abschluss eines Vodafone-Kundenvertrags im Tarif Vodafone UMTS-SpezialPaket 200/500 m. 24-mon. Mindestlaufzeit, einmal. Anschlusspreis 25 €, mtl. Paketpreis 45 od. 95 € für 200 od. 500 Inklusivminuten (nationale Standardgespräche ins Vodafone D2-Netz od. dt. Festnetz, Rest-Inklusivminuten nicht in Folgemonat übertragbar) und weiteren verbrauchsabhängigen Entgelten, z. B. für Standardinlandsgespräche im Tarif Vodafone UMTS-SpezialPaket 200: 0,30 od. 0,40 €/Min., UMTS-SpezialPaket 500: 0,25 od. 0,30 €/Min.; nation. Datenübertragung: bis 15.04.2005 0,29 €/100 KB (Rundung 100-KB-genau am Verbindungsende, mind. 24-stdl.), danach 0,19 €/10 KB (Rundung 10-KB-genau am Verbindungsende, mind. stdl.) zzgl. 0,02 €/h. Ein Wechsel in einen anderen Tarif ist nicht möglich.
vodafone
How are you?

Entscheidung am *Cerro Torre*

Senkrechte Granitwände, ein sturmumtoster Gipfel aus Schnee und Eis. Der Italiener Cesare Maestri will 1959 den unmöglichen Cerro Torre bezwungen haben – doch viele glauben ihm nicht. Elf Jahre später kehrt er nach Patagonien zurück – um seine Ehre zu retten

TEXT: TOM DAUER FOTOS: THOMAS ULRICH

3128 Meter pure Arroganz: der Cerro Torre in den argentinischen Kordilleren

Die »Spinne der Dolomiten«: Cesare Maestri um 1950

Allen hat er es gezeigt. Seinen Freunden, seinen Feinden vor allem, der ganzen Welt. Allen hat Cesare Maestri bewiesen, dass er der Beste ist. Dass sein Wille stärker ist als die Naturgewalten, als der orkanartige Wind, die Kälte, der Schneefall. Allen hat er gezeigt, dass es keine unmöglichen Berge gibt. Nicht für ihn. „Wir sind oben!" Immer wieder schreit er seine Worte in die Leere. Fassungslos. Außer sich.

Dann zerrt er am Seil, sichert ungeduldig seine beiden Gefährten zu sich herauf. Sie umarmen sich, recken die Fäuste in die Höhe, jubeln. Blicken triumphierend auf die Steppe im Osten, auf die Gletscher des patagonischen Inlandeises im Westen, weit unter ihren Füßen. Maestri steht auf seinem Gipfel. Auf dem Cerro Torre, einer 3128 Meter hohen Nadel aus Granit, deren Spitze ein Eispilz krönt. Vielleicht der schwierigste, sicher der schönste Berg der Welt. Und sie sind ganz oben, am 2. Dezember 1970, halb fünf Uhr abends. Aber nur noch wenige Augenblicke, dann wird Maestris Freude zu Zorn und sein Stolz zu Hass werden.

Cesare Maestris Tragödie, eine Geschichte von Wagemut und Hybris, von Glück und quälenden Zweifeln, von Leben und Tod, beginnt elf Jahre zuvor. Mit Toni Egger, einem Österreicher, und Ce- ❯

Relikt eines Gewaltakts: Eine Seillänge unter dem Gipfel hängt bis heute der Kompressor, mit dem sich Maestri in die Höhe bohrte. Leichter zu bezwingen: der angrenzende Gipfel des Fitz Roy

sarino Fava, einem italienischen Landsmann, reist er nach Patagonien. Ihr Ziel: der Cerro Torre, dessen Gipfel nie zuvor von eines Menschen Fuß betreten wurde. Kunde von diesem wilden, von Stürmen umtosten Berg in der südlichen Andenkordillere, an der Grenze von Argentinien und Chile, war einige Jahre zuvor nach Europa gedrungen. 1952 hatte ein französisches Team den höchsten Gipfel des Massivs, den Fitz Roy, erstbestiegen – und dabei eine Granitnadel von arroganter Schönheit gesehen. Marc Antonin Azéma, der Expeditionsarzt, schrieb in seinem Bericht: „Der Cerro Torre? Worin das Problem einer Besteigung liegt? Das Problem einer Besteigung gibt es am Cerro Torre nicht… Allein der Gedanke an einen Versuch wäre irre, lächerlich." Der Berg sei eine unnahbare Jungfrau, die niemals mehr als platonische Liebe wecken werde.

Worte, die die besten Kletterer der Nachkriegszeit herausforderten. In den Alpen hatte man die vermeintlich letzten bergsteigerischen Probleme gelöst. Alle Gipfel waren erobert, fast alle Wände begangen. 1950 war mit der Annapurna (8091 m) der erste Achttausender erstbestiegen worden, 1953 folgten Mount Everest (8848 m) und Nanga Parbat (8125 m), 1954 der K2 (8611 m). Die europäischen Bergsteiger dürsteten nach neuen Aufgaben. Einem ehrgeizigen jungen Mann wie Maestri kam der Cerro Torre da gerade recht.

Bereits nach seiner ersten Tour in den heimischen Brenta-Dolomiten hatte sich Maestri geschworen, „alles daranzugeben, der beste Alpinist der Welt zu werden". Dafür unterstellte er sein Leben einer eisernen Disziplin. „Ich folgte einer radikalen Diät, ging stets um acht zu Bett und trainierte ständig. Sogar wenn ich ein Mädchen liebte, tat ich das in Liegestützenposition, um meine Armkraft zu verbessern." Tatsächlich zählte Maestri in den 1950er Jahren zu den besten Felskletterern Europas.

Sein einziger Zeuge: von einer *Lawine* verschüttet

Er eröffnete zahlreiche neue Routen, kletterte im Alleingang durch schwierige Wände. Als „Spinne der Dolomiten" fand Maestri – geboren 1929, aufgewachsen in ärmlichen Verhältnissen, orientierungslos und ohne Hoffnung – die Anerkennung, die er vor seinem Leben als Kletterer vergebens gesucht hatte.

Der Cerro Torre wird zu seiner Obsession. In den Morgenstunden des 28. Januar 1959 steigt er mit Toni Egger und Cesarino Fava in die 1300 Meter hohe Ostwand des Berges ein. Eine Bastion aus Fels und Eis türmt sich über den Bergsteigern auf, unnahbar, gefährlich. „Im Leben eines Menschen", erinnert sich Maestri in seiner Autobiografie, „gibt es immer wieder Augenblicke, in denen alles ein ganz besonderes Gewicht erhält, in denen nichts anderes zählt als das Bemühen, endlich das gesteckte Ziel zu erreichen. Heute ist einer dieser Augenblicke für mich gekommen. Wenn ich nicht wiederkehren werde, so sagt den Leuten, dass ich dort oben auf dem Torre den ‚Sinn meines Lebens' gesucht habe. Und erinnert euch meiner dann und wann."

Noch am ersten Tag ihres Aufstiegs klettern die drei Bergsteiger laut Maestri zwischen Cerro Torre und seinem Nachbargipfel in eine Scharte, die Maestri „Col de la Conquista", Sattel der Eroberung, tauft. Dort entschließt sich Fava, der befürchtet, er könnte seine Freunde aufhalten, zur Umkehr. Maestri und Egger machen weiter. Drei Mal müssen sie auf schmalen, ins Eis gehackten Stufen, mehr im Seil hängend als sitzend, übernachten. Am 31. Januar brechen sie mit zwei Tafeln Schokolade und einer Dose Fruchtsirup im Rucksack Richtung Gipfel auf. Wind setzt ein. Immer wieder müssen Maestri und Egger auf den letzten Metern ihres Weges Schutz suchen. Auf dem höchsten

Punkt, den sie erreichen, machen sie einige Fotos mit Eggers Kamera. Dann seilen sie ab. Ohne Euphorie. Noch ist ihr Abenteuer nicht zu Ende. Noch sind sie nicht wieder unten.

Die einzelnen Böen haben sich inzwischen zu einem ausgewachsenen Sturm entwickelt. Abends essen Maestri und Egger ihre letzten Vorräte. Gepeinigt vom Heulen des Windes und zermürbenden Gedanken, verbringen sie eine weitere, schlaflose Nacht. Immerzu schneit es. Lawinen streichen über die Nordwand, über die Maestri und Egger abseilen. Tiefer und tiefer frisst sich die Kälte in die ermatteten Glieder. Immer schwieriger werden die Handgriffe, die sonst Routine sind. Jedes Manöver erfordert Kraft und höchste Konzentration. Am Abend des 2. Februar wollen Maestri und Egger ein letztes Mal biwakieren.

Egger ist mit dem gewählten Platz nicht zufrieden. Er bittet Maestri, ihn am Seil ein Stück weiter abzulassen. Er will nach einem besseren Biwakplatz Ausschau halten. Maestri: „Als er etwa 20 bis 30 Meter abgeglitten ist, vernehme ich ein befremdendes Getöse über mir und verspüre einen starken Luftzug, der nicht vom Wind herrühren kann. Auch Toni muss etwas verspürt haben, denn einen Augenblick lang schaut auch er in die Höhe. Eine unerklärliche Beklemmung erfasst mich. Dann schießt, ungeheuer und völlig unerwartet, ein Berg von Schnee aus dem Gewölk heraus. Ich schreie: ‚Achtung, Toni!', halte die Seile und drücke mich hart an die Wand. Dann habe ich keine deutliche Wahrnehmung mehr. Ein starker Luftzug, eine Masse fallenden Schnees, ständiges dumpfes Grollen, Eisstücke, die mich treffen. Plötzlich ist alles wieder still."

Doch das Seil, das nach unten führt, baumelt lose im Wind. Egger ist tot. Mitgerissen von den Schneemassen. Verschwunden wie die Kamera, wie der Film, auf dem die Besteigung des Cerro Torre dokumentiert sein soll. In den frühen Morgenstunden des 3. Februar beginnt Maestri mit dem Abstieg und erreicht mit Mühe und Not, mehr tot als lebendig, den Fuß der Wand. Allein. Allein mit seiner Geschichte. Nicht er ist gestorben, sondern ein anderer. *Muss* der Cerro Torre demnach als bestiegen gelten? Muss die Mühsal des Aufstiegs, muss das Resultat eines Abenteuers fortgeschrieben werden zum Triumph, dem toten Freund zum Gedenken? Es wäre verständlich. Die Antwort darauf verliert sich bis heute im Grenzbereich ersehnter Wirklichkeit und nüchterner Aufklärung.

Im Februar 1959 kehrt Maestri nach Italien zurück. Er ist vollkommen niedergeschlagen. Depressiv. Der Tod seines Bergkameraden frisst sich langsam in seine Gedanken, in sein Handeln und Tun. Hatte er noch in Patagonien gedacht, das Schlimmste sei überstanden, so wird Maestri zu Hause bewusst, wie sehr das Schicksal Toni Eggers sein Dasein prägen würde. Er fühlt sich „nicht mehr lebendig. Ich wohnte den Minuten und Stunden meines Lebens bei und hakte die vergehenden Tage am Kalender ab. Ich hasste die Berge. Ich hasste mich selbst. Ich hasste meinen Stolz. Und ich hasste meinen Hass. Dies war die traurigste Phase meines Lebens."

Maestri heiratet, zieht mit seiner Familie 1963 nach Madonna di Campiglio. In den Wintermonaten arbeitet er als Skilehrer, im Sommer als Bergführer. Doch das beschauliche Leben, das dem von Ehrgeiz und dem Bedürfnis nach Selbstbestätigung getriebenen Familienvater immer mehr ein Hort der Ruhe geworden ist, endet im Februar 1970. Eine italienische Expedition zum Cerro Torre unter der Leitung Carlo Mauris, eines Erzrivalen Maestris, scheitert 250 Meter unterhalb des Gipfels. Niemand hatte seit Maestris und Eggers vermeintlichem Erfolg je wieder auf dessen Gipfel gestanden. Mauri kabelt ein Telegramm nach Hause: „Unser Sieg liegt darin, dass wir alle gesund und unversehrt vom unmöglichen Torre zurückkehren."

Das Wort „unmöglich" ist ausgesprochen, ist öffentlich geworden – endlich. Bereits in den Jahren zuvor kursierten Zweifel am Erfolg Maestris und Eggers in der Bergsteigergemeinde. Nun hatte Mauri die Mauer des Schweigens gebrochen. Und Maestri leidet unter der folgenden Debatte, die seinen Erfolg ›

Porös wie gefrorener Schaum: die gefährliche Eiswand knapp unterhalb des Gipfels im Winter

Rückzug im Sturm: Sonnige Tage am Cerro Torre lassen sich an den Fingern einer Hand abzählen

am Cerro Torre infrage stellt. Voller Trotz lässt er Mauri eine Nachricht zukommen: „Der Cerro Torre ist nur für diejenigen unmöglich, die ihn nicht besteigen können."

Er verflucht den *Berg* und kommt nicht los von ihm

Maestri bekommt keine Antwort. Er wird nervös. Mauris Zweifel „beleidigen, verletzen, und werfen mich aus der Bahn". Der Cerro Torre „ist mit der Wucht von tausend Lawinen in mein Leben zurückgekehrt". Maestri windet sich. Er will nicht zurück nach Patagonien. Und doch lässt er sich keine andere Wahl. Er muss reagieren. Weil seine Selbstachtung und sein soziales Prestige von seinen Erfolgen am Berg abhängen. Und weil für ihn, den Spross einer Schauspielerfamilie, nur ein Handlungsschema abrufbar ist: die große, theatralische Geste.

„Also gut, Herr Alpinist Mauri. Gut, die Herren Zweifler. Ihr wollt den Krieg? Ihr könnt ihn haben, aber ich kämpfe mit meinen Waffen. Ich werde zum Torre zurückkehren. Ich werde ihn an seiner schwierigsten Flanke attackieren in der schwierigsten Jahreszeit. Ja, ich habe Angst vor dem Torre. Aber ich werde zurückkehren."

Trotz der Verantwortung für seine Familie will er den tödlichen Berg erneut bezwingen. Nicht jedoch zu der einst von ihm und Egger anvisierten Linie führt sein Weg, sondern zur Südostkante des Berges. Auf die Frage, warum er nicht zu seiner ersten Route durch die Ost- und Nordwand zurückgeht, warum er dort nicht alle Zweifler mit einem Male mundtot macht, gibt Maestri keine Antwort. Stattdessen verspielt er mit einem neuen Weg seinen bergsteigerischen Ruf ein für alle Mal.

Am 18. Juni 1970 beginnen Maestri und seine Gefährten am Cerro Torre mit ihrer Arbeit. Es ist Winter auf der Südhalbkugel. In arktischen Verhältnissen gehen die Kletterer den Berg an. Finanziert wird Maestris Expedition unter anderem von der italienischen Firma Atlas-Copco, die Maestri neben Geld auch einen Kompressor samt Bohrmaschine zur Verfügung stellt. Damit, hofft Maestri, wird er seine Ideallinie verwirklichen können: Indem er Bohrhaken um Bohrhaken in den Fels treibt, an denen er und seine Gefährten sich hochziehen können. Während er und Carlo Claus voransteigen, um den Weg zu erkunden, besorgen Ezio Alimonta und Pietro Vidi den Nachschub. Den Kompressor hinaufzuziehen, der samt Benzin, Öl, Statikseil und Winde 180 Kilogramm wiegt, ist eine Heidenarbeit. Qualvoll langsam kommen die Männer voran. 450 Meter unterhalb des Gipfels müssen sie aufgeben.

Unglaubliche Mühen haben sie auf sich genommen. 54 Tage sind die Bergsteiger in der Wand, 28 Biwaks verbringen sie in Hängematten. An genau sechs Tagen herrscht schönes Wetter. Die durchschnittliche Temperatur liegt bei minus 25 Grad Celsius. Bei beständigem Wind fallen insgesamt 18 Meter Schnee. Die auf 25 Tage kalkulierten Essensvorräte müssen gestreckt werden. Claus und Vidi erleiden Erfrierungen. Am letzten Tag, bevor er sein Scheitern endlich einsieht, ist Maestri noch allein in der Wand. „Ich verfluche den Wind, das Eis, den Schnee, die Überhänge, alle die, die mich in diese Situation gebracht hatten. Doch wir haben eines der heroischsten Kapitel in der Geschichte menschlicher Abenteuer geschrieben."

Noch im selben Jahr kehrt Maestri nach Patagonien zurück,

In der Todeswand: Ein Team kämpft sich 2001 die »Maestri-Egger-Route« empor – erfolglos

diesmal im südlichen Sommer. Am 15. November beginnt das Abenteuer von neuem. Maestri und seine bewährten Partner Claus und Alimonta sind zehn Tage später am höchsten zuvor erreichten Punkt der Route. Sie graben den Kompressor unter dem Eis aus und setzen einen neuen Motor ein.

Am 1. Dezember 1970 schließlich greift Maestri die letzte, glatte Wandpassage an. Meter um Meter bohrt er sich hinauf. Fünf Zentimeter lang und 9,5 Millimeter stark sind die Haken, die Maestri in seiner Route verankert. Alle 90 bis 120 Zentimeter setzt er einen davon in den Fels. In der gesamten Route sind es rund 350. Ein unvorstellbarer Kraftakt. In ihren Trittleitern hängend, biwakieren Maestri, Claus und Alimonta ein letztes Mal. Am folgenden Tag gelingen ihnen die letzten beiden Seillängen. Dann stehen sie ganz oben, am 2. Dezember 1970, halb fünf Uhr abends. Voller Freude, voller Stolz. Doch als die Bergsteiger mit dem Abstieg beginnen, verkehren sich Maestris Gefühle ins Gegenteil.

Über Funk erfährt er, dass eine spanische Expedition im Basislager eingetroffen ist. Ihr Ziel: die Wiederholung seines Gipfelweges. Von einem Moment auf den anderen wird Maestri zum Racheengel: „Ihr wollt unsere Route wiederholen? Gut, dann macht sie so, wie wir sie vorgefunden haben." Wie im Wahn beginnt er, einen Bohrhaken nach dem anderen abzuschlagen. Die gesamte letzte Seillänge, Stunden zuvor noch mühsam eingerichtet, zerstört Maestri in einem verzweifelten Akt des Trotzes. Seine ganze Wut, seine Trauer, sein Schmerz entlädt sich: Alles will er kaputtmachen, alle Bohrhaken bis an den Fuß der Wand entfernen. Erst als Maestri am Seil entlang an den Standplatz geglitten ist, können Claus und Alimonta seinem Treiben Einhalt gebieten. „Wenn du so weitermachst", sagen sie, die das hereinbrechende Schlechtwetter fürchten, „seilen wir ohne dich ab." Die Worte seiner Gefährten bringen Maestri zur Besinnung. Zusammen treten die drei Italiener den Abstieg an. Den Kompressor samt Bohrmaschine lassen sie eine Seillänge unter dem Gipfelplateau hängen – er hängt dort bis heute. Endgültig schließt Maestri das Kapitel Cerro Torre. Seine Geschichte, denkt er, ist fertig.

Ein Irrtum. Nach Italien zurückgekehrt, muss er erkennen, dass die erhoffte Wirkung seines Patagonien-Abenteuers ausbleibt. Heftig wird Maestri für den Einsatz der Bohrmaschine kritisiert. In den Augen seiner Bergsteigerkollegen hat er damit ein Sakrileg begangen, seinen Ruf ruiniert, den Cerro Torre entweiht. Viel schlimmer ist jedoch, dass auch die Erstbegehung der heute so genannten „Kompressorroute" die Zweifler an seinem Er- ›

folg von 1959 nicht zum Schweigen bringt. Im Gegenteil. Je öfter Maestri befragt wird, je mehr Indizien zusammengetragen werden, desto offensichtlicher werden die Widersprüche in seiner Geschichte: Weder über die genaue Routenführung noch über die verwendete Ausrüstung oder die Art und Weise des Abstiegs kann er Auskunft geben. Details, an die sich normalerweise jeder Bergsteiger erinnert. Zumal, wenn seine wohl größte alpinistische Leistung infrage steht.

Noch schwerer wiegt die Tatsache, dass nachfolgende Bergsteiger in der Ostwand nur bis auf eine Höhe von 300 Metern Begehungsspuren von 1959 fanden: Seilreste, Haken, Holzkeile, sogar einen Rucksack. Darüber: nichts, nicht eine einzige Spur. Obwohl sich inzwischen über 20 Expeditionen an einer Wiederholung der „Maestri-Egger-Route" versucht haben. Bisher, trotz modernster Ausrüstung, trotz Satellitenwetterbericht und trotz geballter Erfahrung all der Gescheiterten, ohne Erfolg.

Die Gipfelbesteigung des Cerro Torre, die Toni Eggers Leben kostete: Als Vorstellung, als Wunsch, als Wirklichkeit gewordener Traum existiert sie bis heute. Als Cesare Maestris Geschichte. Als Fakt jedoch, als Meilenstein alpinen Geschehens, wird sie bis heute angezweifelt.

75 Jahre alt ist Maestri inzwischen. Ein kleiner Mann, dessen untersetzter Körper und aufrechter Gang noch immer die Kraft ahnen lassen, über die er einst verfügte. Sein schwarzer Vollbart ist grau geworden. Die grünen Augen glitzern in einem Meer von Falten, und doch ist ihr Glitzern stumpf, als ob Melancholie und Traurigkeit sie trüben würden. Vielleicht liegt das aber auch an der Umgebung: Verloren steht Maestri hinter dem Tresen seines Ladens im Zentrum Madonna di Campiglios, „Le Cose Buone di Cesare Maestri", in dem es trentinische Spezialitäten zu kaufen gibt: bunt verpackte Bonbons, Marzipan, Karamell, ein Sortiment Schokoladenwerkzeug. Der große Maestri, inmitten von Süßigkeiten. Nervös räumt er Schächtelchen hin und her, packt Dinge ein und aus, redet Belangloses – um überhaupt zu reden. So will er nicht gesehen werden. „Gehen wir einen Kaffee trinken", schlägt er vor.

Die »Kompressor-Route« (rot) führte nach Maestri andere zum Gipfel, die Maestri-Egger-Route» (schwarz) ließ alle scheitern

Seine Euphorie auf dem *Gipfel* schlug um: in rasende Wut

Einige Tage zuvor hatte Maestri am Telefon abgelehnt, über den Cerro Torre zu reden. Kein Wort. Nie mehr. Erst nach dem Versprechen, den Gipfel nicht zu erwähnen, keine Fragen nach ihm zu stellen, ist Maestri zu einem Treffen bereit. Über einem Tässchen Espresso redet er mit leiser, ruhiger Stimme. Erzählt von seiner Kindheit, seiner Jugend, seinen Anfängen als Kletterer. Von seinen Erfolgen, seinen wilden Soloklettereien. Mit Stolz in der Stimme spricht Maestri und mit der Zufriedenheit dessen, der ein alles in allem gutes Leben resümieren kann. Bis er schließlich selbst die Wörter „Cerro Torre" in den Mund nimmt. Voller Trotz, Missfallen und Abscheu all denen gegenüber, die ihm nicht glauben.

„Niemandem muss ich etwas zeigen oder beweisen", sagt Maestri. Die Erinnerung an diesen Berg bereite ihm nichts als Qualen. Obwohl er dort den größten bergsteigerischen Erfolg seiner Laufbahn erzielte? Und trotzdem will er sich seiner Leistung nicht rühmen? Trotzdem ist er nicht stolz? Maestri wird zornig: „Wir brauchen gar nicht mehr weiterzusprechen." Er steht auf und geht. Kommt wieder nach einigen Minuten. Jede Geste drückt Unmut aus, Widerwillen, aber auch ein beständiges Ringen mit sich selbst. Der Cerro Torre habe sein Leben zerstört. Er wünsche sich, dass dieser Berg in tausend kleine Stücke zerfalle. „Ich hasse den Torre", sagt Maestri. „Tausendmal mehr, als sich irgendjemand vorstellen kann."

Dennoch: Maestri muss leben mit dem Berg, der sein Schicksal bestimmte. So oder so. Hat er den Gipfel erreicht, so wird eine der größten alpinistischen Leistungen des 20. Jahrhunderts zu Unrecht in Zweifel gezogen. Hat er ihn nicht erreicht, lebt er seit fast 50 Jahren mit einer Lüge.

Gebückten Hauptes verlässt Maestri die kleine Bar, geht über den menschenleeren Marktplatz zurück in seinen Laden. Auf seinem Herzen, so scheint es, lastet nicht nur ein Stein, sondern ein ganzer Berg. ❙

Auch der Fotograf **Thomas Ulrich**, 37, besuchte **Cesare Maestri** (re.) in Madonna di Campiglio. Mit dem Italiener teilt er eine Obsession: Fünfmal schon war er am Cerro Torre, einmal ganz oben. **Tom Dauer**, 35, Chefredakteur von „Peak", hat für sein Buch „Cerro Torre – Mythos Patagonien" ebenfalls den Aufstieg gewagt – und musste kurz vor dem Gipfel umkehren.

WWW.VOLVOCARS.DE
74 BALLKONTAKTE
250.000,- EURO IM MONAT
74 NEUHEITEN
250,- EURO IM MONAT
K V 70
DER VOLVO V70 MIT 74 NEUHEITEN AB 250,- EUR/MONAT*.
WENN ETWAS NOCH BESSER GEWORDEN IST, MUSS ES DESHALB NICHT GLEICH TEURER SEIN. ERLEBEN SIE DIE NÄCHSTE GENERATION VOLVO V70 MIT 74 NEUHEITEN – *UND LEASEN SIE DEN VOLVO V70 ZU EINER MONATLICHEN RATE AB 250,– EUR. SONDERZAHLUNG: 7.900,– EUR. BEI 36 MONATEN LAUFZEIT UND EINER GESAMTFAHRLEISTUNG VON 45.000 KM. EIN LEASINGANGEBOT DER VOLVO AUTO BANK, ZZGL. ÜBERFÜHRUNGS- UND ZULASSUNGSKOSTEN, GÜLTIG BIS 31.12.2004.
VOLVO INFOLINE: 01803 386586 (0,09 EUR/MIN.)
VOLVO
for life

KINO IM **HÖHENRAUSCH**

Echte Männer, wahre Liebe, schroffe Gipfel. Mit diesem Rezept wurde der Bergfilm in den 1920er Jahren groß. Dann aber verspielte er seinen Ruf mit Heidi-Kitsch und seichter Action. Jetzt geht es mit dem Genre wieder bergauf

TEXT: ANDREAS KILB

Im Grunde kann man die gut hundertjährige Geschichte des Bergfilms in zwei Versen zusammenfassen, die Kurt Schwitters einst der Stadt Basel widmete:

es geht ein bisschen rauf,
es geht ein bisschen runter …

Aber Schwitters war Flachlandbewohner. Was weiß so einer schon von der Magie der Gipfel?

So wie zum Tanzkino die Tanzbegeisterung, gehört zum Bergfilm die besondere Hingabe des Zuschauers ans Thema – die hohen, schrecklichen, geheimnisvollen Gipfel. Filme, die vom Bergsteigen handeln, sind zuerst einmal Filme für Bergsteiger – und erst in zweiter Linie Geschichten für alle anderen Zuschauer. Nicht zufällig spielen die großen Bergfilmfestivals in Gebirgsorten: im kanadischen Banff, im italienischen Trient, im Tiroler St. Anton, in Autrans in Frankreich. Bergfilme können sich auf ein geneigtes und kenntnisreiches Publikum verlassen, aber sie erreichen selten die Masse. Die Filmindustrie Hollywoods hat es immer wieder mal mit dem Genre probiert – und dabei regelmäßig Abstürze erlebt.

Dabei ist der Bergfilm so alt wie das Kino selbst. Schon in einigen frühen Kurzfilmen der Brüder Lumière und des Lichtspielpioniers Georges Méliès waren Alpengipfel zu sehen, wenn auch nur als gemalte Schemen im Atelier. Aus dem Jahr 1901 ist der erste Gebirgsfilm erhalten, der *on location* gedreht wurde. In „Cervino 1901", ganze sechs Minuten lang, erzählt der amerikanische Kameramann Frederick Burlingham in holprig geschnittenen stummen Bildern von einer Expedition zum Matterhorn. Und schon bei Burlingham gibt es jene Seilschaft aus einheimischen Führern und zugereisten Kraxlern, deren innere emotionale und äußere alpinistische Spannung die wesentlichen Motive des Bergfilms liefern.

Bis 1924 befindet sich das Genre in einer Art Latenzzustand. Zwar gibt es Filme, in denen, wie in Erich von Stroheims „Blind Husbands" von 1919, Berge und Bergtouren eine wichtige Rolle spielen, und Dokumentationen wie Vittorio Sellas „Auf dem Dach der Welt" (1909) über die Expedition eines italienischen Herzogs ins Karakorum-Gebirge. Die Verschmelzung von Naturfotografie und Spielhandlung aber, welche die großen Gebirgskinodramen auszeichnet, findet noch nicht statt.

Dann, auf einmal, ist der Bergfilm da. Der deutsche Regisseur Arnold Fanck, der ihn begründet, hat in Sepp Allgeier einen Kameramann, der seine schwere Ausrüstung wie selbstverständlich die Kuhpfade des Engadin und der Dolomiten hinaufschleppt und sich todesverachtend über Gletscherspalten und felsigen Abgründen postiert. „Der Berg des Schicksals", Fancks und Allgeiers erster gemeinsamer Spielfilm, erzählt gleich eine Urgeschichte des Genres: Ein Bergsteiger (Luis Trenker), dessen Vater an einem Dolomitengipfel gescheitert ist, unternimmt gegen den Widerstand seiner Mutter und seines Freundes den Aufstieg, um seine in Bergnot geratene Geliebte zu retten. Väter und Söhne, Männer und Frauen, Freunde und Rivalen – die Motive, die Zutaten sind da, nur die Mixtur, in der sie präsentiert werden, ist noch verbesserungsbedürftig.

Und Fanck bessert sich. Mit „Der heilige Berg", „Die weiße Hölle vom Piz Palü" und „Stürme über dem Montblanc" dreht er bis 1930 drei Bergfilmklassiker, die bis heute wenig von ihrer Wirkung verloren haben. Bei Fanck sind die Berge kein bloßes Naturphänomen, son-

»Cervino 1901«

»Der heiligeBerg«, 1926

»Die weiße Hölle vom Piz Palü«, 1928

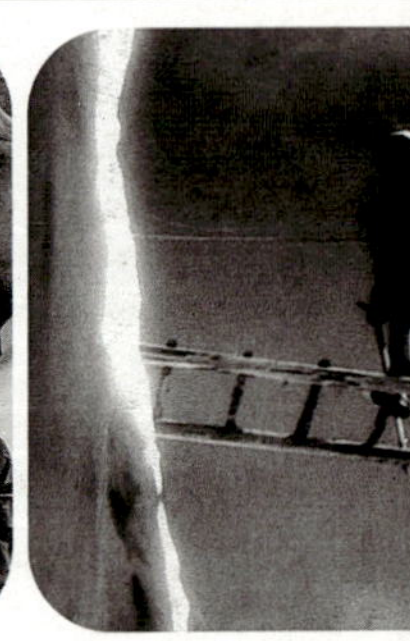

dern eine quasi göttliche Instanz, durch die der Mensch für seine Sünden und Versuchungen bestraft, von seiner Schuld befreit, für seine Liebe belohnt wird. Im „Heiligen Berg“ rivalisieren zwei Männer um die von Leni Riefenstahl gespielte Tänzerin Diotima; in der Steilwand, durch ein Seil aneinander gefesselt, gehen beide zugrunde. Am „Piz Palü“ büßt ein Bergtourist für den von ihm verschuldeten Tod seiner Frau, indem er sich opfert, um ein junges Paar aus einer Gletscherspalte zu retten. In „Stürme über dem Montblanc“ finden ein Einsiedler und eine junge Wissenschaftlerin in der Eishölle einer Gipfelstation zueinander. Die Berge in diesen Filmen sind so inszeniert wie in Ridley Scotts „Alien“ die Gänge des Raumschiffs: Sie spiegeln Seelenzustände ebenso wie Gegebenheiten der Außenwelt. Der Berg ist ein Ding, aber er ist auch ein Traum, ein Stück innere Realität.

Anfang der 1930er Jahre hat sich Fancks Fantasie erschöpft. Seine beiden Stars Leni Riefenstahl und Luis Trenker entwickeln das Genre weiter: Riefenstahl, indem sie ihm in „Das blaue Licht“ (1932) eine romantisch-mystische Note gibt, Trenker, indem er es historisiert. „Berge in Flammen“ (1931) und „Der Rebell“ (1932) erzählen heroische Episoden aus dem Ersten Weltkrieg und dem Tiroler Aufstand gegen Napoleon – mit den Dolomiten als Schauplatz und Heimatsymbol. Auch „Der Berg ruft“ (1937), die Geschichte der dramatischen Erstbesteigung des Matterhorns, ist im Grunde ein Kostümfilm vor zeitloser Felsenkulisse. Bei Trenker sind die Berge eine Art Lügendetektor: Sie scheiden die echten von den falschen Kerlen, die Ehrbaren von den bloß Ehrgeizigen. Heilig sind die Heimat, die Mutter, die Geliebte – der Berg, der ein Symbol für alle drei sein kann, ist es nicht mehr. Seine Eingliederung ins allgemeine Bildrepertoire des Kinos hat begonnen.

Nach dem Zweiten Weltkrieg setzt Trenker sein Filmwerk unter veränderten Vorzeichen fort. Jetzt dringt die Moderne in die Alpentäler ein. In „Duell in den Bergen“ (1950), „Flucht in die Dolomiten“ (1955) und „Wetterleuchten um Maria“ (1957) kämpft die Landschaft um ihre Identität und das Genre um seine Mythologie. Das Gesicht dieser Filme ist Marianne Hold, eine Frau zwischen Anpassung und Emanzipation. So zwiespältig wie ihre Figuren sind die Bergkulissen der Filme – wilde Naturszenarien, gewiss, aber insgeheim doch schon domestiziert, bestiegen, besiegt.

In diesen Jahren entdeckt das internationale Kino den Bergfilm. Es ist die Zeit, da der Mount Everest, der K2, der Nanga Parbat bezwungen werden. In Trient entsteht 1952 das weltweit erste Bergfilmfestival. Ausgezeichnet werden zunächst vor allem Dokumentationen, auch wenn die Bergdramen Trenkers und der ein oder andere Hollywoodfilm gezeigt werden. Aber das Genre gilt als unpopulär. Es zieht sich auf sich selbst, seine Naturbilder, seine Tragödien und Erfolgsstorys zurück. In den 1960er Jahren, der Zeit der Hippies und der Nouvelle Vague, kommt die Bergwelt endgültig in Verruf. Während der Skizirkus die Gipfelregionen erobert, nimmt das Kino davon Abschied. Wer jetzt noch mit der Kamera auf die Steilwand geht, begibt sich freiwillig ins Abseits der Geschichte.

Da erscheint, wie Arnold Fanck gleichsam aus dem Nichts, Reinhold Messner. Der Südtiroler gibt dem Gipfelstürmen, diesem Hobby von Snobs und Hinterwäldlern, ein neues Image, einen neuen Sinn. Durch ›

Der Berg als höchste Instanz: In den frühen Schwarzweiß-Filmen scheiden die Gipfel zwischen Ehrbaren und nur Ehrgeizigen

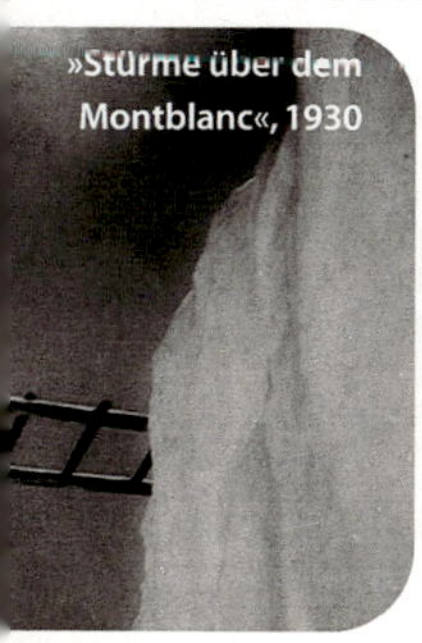
»Stürme über dem Montblanc«, 1930

»Berge in Flammen«, 1931

»Schrei aus Stein«, 1991

»Cliffhanger«, 1993

»Vertical Limit«, 2000

»Sieben Jahre in Tibet«, 1996

»Sturz ins Leere«, 2004

Mit der Renaissance des Dokumentarkinos beginnt das Comeback des Bergfilms. Waren die Gipfel noch in den 1980er Jahren austauschbare Action-Kulisse oder spirituelle Staffage, zählt heute wieder psychologische Sorgfalt – wie in »Sturz ins Leere«, der Rekonstruktion einer unwahrscheinlichen Rettung

Messner bekommt der Alpinismus eine Philosophie. Im Grunde verwirklicht er nur eine alte Einsicht von Fanck: Bergbesteigung ist Selbstbefragung, ein Weg zum Ich. In den grüblerischen 1970er Jahren ist das die Botschaft der Stunde. Messners Erfolg schlägt sich freilich weniger in Filmen als in Büchern, Bildbänden, Fernsehberichten nieder. Erst im Herbst seiner Karriere schreibt er zusammen mit Werner Herzog die Story zu einem Kinofilm. „Schrei aus Stein“ (1991) aber ist alles, was ein Bergsteigerfilm nicht sein darf: umständlich, ungenau, unglaubwürdig, zu kompliziert, aber wenig komplex. Zwei Männer, Stefan Glowacz und Vittorio Mezzogiorno, kämpfen vor der Kamera gegeneinander – zwei andere, Messner und Herzog, hinter der Kamera. Jeder verliert.

Aber der Bergfilm ist trotzdem wieder da. In Renny Harlins „Cliffhanger“ (1993) nutzt Sylvester Stallone die Klüfte und Zacken der Rocky Mountains, um eine Gangsterbande auszuschalten, die sich dorthin verflogen hat. In Frank Roddams „K2“ (1992) machen sich Michael Biehn und Matt Craven im Karakorum das Leben schwer. In Martin Campbells „Vertical Limit“ scheitern Bill Paxton und Robert Tunney am gleichen Gipfel. Die Berge sind kein Heiligtum, kein nationales Symbol in diesen Filmen, sondern eine schlichte, grausame Realität: Todfeind für die einen, Verbündeter für die anderen.

Aber mit ihrer Eingemeindung in den Bildervorrat des Actionfilms wird die Landschaft jenseits der Baumgrenze nicht nur kommerziell interessant, sondern auch beliebig. Die Filme entstehen größtenteils im Studio, wo die Wetterbedingungen kontrollierbar sind, Außenaufnahmen sind selten. Berge werden von anderen Bergen gedoubelt. Die Rocky Mountains in „Cliffhanger“ sind in Wirklichkeit die Dolomiten. In Jean-Jacques Annauds „Sieben Jahre in Tibet“ (1996) springen die Anden für die Himalayagipfel ein. Die visuellen Effekte, die Perspektiven, die Suggestionen des Genres werden immer perfekter, aber sein eigentlicher Gegenstand, das Hochgebirge, entschwindet in ein Nebelreich der Simulation.

Gleichzeitig ist in den letzten Jahren die Neugier auf Dokumentationen, Reportagen, Live-Berichte aus den Extremzonen sportlicher Betätigung enorm gewachsen. Jon Krakauers Buch über eine gescheiterte Everest-Expedition im Jahr 1996 hat, ebenso wie die gleichnamige Verfilmung von Robert Markowitz „In eisige Höhen“ (1997) und der IMAX-Film „Everest“ von 1998, das Interesse an Bergkatastrophen und ihren Überlebenden neu entfacht. Zurzeit arbeitet der Regisseur Stephen Daldry („The Hours“) an einer weiteren Fiktionalisierung der Everest-Tragödie von 1996.

Bis sein Film – voraussichtlich 2005 – ins Kino kommt, können sich die Zuschauer mit einer Dokumentation trösten, die alle Vorzüge eines Actionthrillers hat, ohne die Wahrheit dafür opfern zu müssen. Kevin Macdonalds „Sturz ins Leere“ ist die authentische Geschichte einer Andenexpedition, die für ihre Teilnehmer, Joe Simpson und Simon Yates, zum Albtraum wurde. Der Film rekonstruiert das Unfassbare: wie Simpson sich beim Abstieg vom Sechstausender Siula Grande das Kniegelenk zerschmetterte, wie er, von Yates gehalten, über einem Abgrund hing, bis dieser das Seil durchschnitt, um sich zu retten. Simpson fiel in eine Gletscherspalte. Der Weg nach oben war versperrt. Also ging er, gegen jeden menschlichen Instinkt, nach unten. Es gelang ihm, aus der Spalte herauszukriechen und sich in einem dreitägigen Martyrium zum Basislager zurückzuschleppen. Wenn man Joe Simpson am Anfang von „Sturz ins Leere“ sieht, weiß man, dass er überlebt hat. Und dennoch rätselt man bis fast zum Schluss, wie ihm das gelang.

Dieses atemlose Staunen ist die Essenz der großen Bergfilme. Es ist nicht nur das Staunen des Zuschauers. Es ist auch die Verwunderung der Regisseure, Kameraleute, Schauspieler, Bergsteiger über das, was ihre Begriffe übersteigt: die unbeherrschbare Natur. Es stimmt schon, dass die Geschichte, die der Bergfilm erzählt, einen schlichten Kern hat: Es geht ein bisschen rauf, es geht ein bisschen runter. Aber dazwischen liegt eine Welt. I

Andreas Kilb, 43, arbeitet als Filmkritiker in der Redaktion der „Frankfurter Allgemeinen Zeitung“.

In 68 Tagesetappen führt die *Grande Traversata delle Alpi* (GTA) vom Gries-Pass ans Mittelmeer, zum Teil auf alten Maultierpfaden wie hier bei Paschero

WEGE AUS DER STILLE

Die Berge im südwestlichen Piemont gehören zu den einsamsten der Alpen. Manche Täler verloren neun von zehn ihrer Bewohner. In den Dörfern zerfallen die Häuser, der Wald erobert die Almen zurück. Die *Grande Traversata delle Alpi* soll den Umschwung bringen. Das mit dem Fernweg verbundene Ziel: Wanderer in die verwunschenen Täler locken – und so den Einheimischen ein Auskommen sichern

TEXT: BARBARA BAUMGARTNER FOTOS: RICHARD DOBSON

Bald wird sie eine alte Frau sein. Das kurze Haar ist mehr grau als schwarz, von den dunklen Augen strahlen feine Falten aus. Jetzt am Abend wirkt sie müde. Doch je länger sie erzählt, desto lebhafter werden ihre Züge, bis das Gesicht richtig glüht. Dann erkennt man, was später ein Bergführer bestätigen wird: dass Maria Margherita Levet einmal eine außergewöhnliche Schönheit war.

Die Wirtin der Trattoria del Pelvo erzählt von den Bauern, die hier im Gasthaus Karten spielten, von Ziehorgelmusik und davon, wie getanzt wurde, bis die Sonne aufging. Ab und zu sieht sie sich um in der leeren Gaststube, als könnte sie nicht glauben, dass all die Geselligkeit sich verflüchtigt hat. Die vier Wanderer, die heute in der Trattoria übernachten, sind schon zu Bett gegangen.

Außer der Wirtin und ihrer Familie lebt nur noch ein sehr altes Ehepaar in Chiesa di Bellino. „Lange werden die beiden auch nicht mehr bleiben", fürchtet Maria Levet. Erst vor kurzem zogen die vorletzten Nachbarn ins Tal hinunter. Würden die Dorfbewohner wenigstens im Ruhestand zurückkommen, wie sie zuerst alle verkünden. Doch wenn es so weit ist, haben sie Enkel in der Stadt... Die Wirtin klingt, als hätte man sie persönlich im Stich gelassen.

Ihre junge Tochter Silvia will das Gasthaus übernehmen, falls die Dinge nicht noch schlechter gehen. Sie begleitet die Erinnerungen der Mutter mit verständnisvollem Nicken. Selbst als diese davon schwärmt, wie sie früher den ganzen Winter altbackenes Roggenbrot gegessen haben – „Wie gut schmeckte das" –, nimmt die Tochter es hin: Melancholie betrügt das Gedächtnis und erschafft manchmal ein Paradies, das so nie existierte.

Das Leben, das hier einmal war – wie ein Echo werden uns die Erinnerungen daran in den nächsten Tagen begleiten. Wir wandern durch die Landschaft einer vergangenen Welt. Hier, am gebirgigen Westrand des Piemont, der verlassensten Region der einsamen italienischen Westalpen, haben manche Täler im letzten Jahrhundert neun Zehntel ihrer Einwohner verloren. Die meisten Häuser in Chiesa di Bellino, stattliche Gebäude, die von einer blühenden Epoche im Mittelalter zeugen, sind nur noch in Ferienzeiten bewohnt. Und das ist immerhin etwas. Wir werden im Laufe unserer Wanderung auf Weiler stoßen, die im Gebüsch versinken; wo Brennnesseln Wege und Schwellen überwuchern und es keine Geräusche gibt außer dem Plätschern sich sinnlos verschwendender Brunnen.

Stille Pracht am Rande: Manche GTA-Etappen sind steile Felspfade, andere folgen kaum befahrenen Straßen, wie der Weg nach San Martino

Noch als Relikte jedoch erzählen die Siedlungen vom Wissen und den Mühen jener, die sie schufen. Diese Täler waren einmal ein Kosmos. Auch die Wege, auf denen wir gehen, gehörten dazu: alte Saumpfade und Bauernsteige. Heute sind sie verbunden zur *Grande Traversata delle Alpi* (GTA), einem verästelten Weitwanderweg über die Höhen des Piemont. Wie Adern sollen diese Verbindungen wieder Leben in die Bergfalten pumpen. Das ist die Idee der GTA: Touristen entdecken eine faszinierende Alpenregion und bremsen durch den Zuverdienst, den sie bringen, die Abwanderung. Die Wirtin in Chiesa di Bellino sagt: „Ohne die Wanderer wäre hier fast gar nichts mehr zu tun."

Am nächsten Tag gehen wir ins Nachbartal, nach Elva. Die kühle Luft und die Morgensonne lassen die grünen Hänge glänzen. Dahinter ragen felsige Berge auf, letzte Schlieren von Schnee liegen in den Furchen. In der Ferne strahlt die Pyramide des Monte Viso. Es ist still bis auf Vogelgezwitscher, Insektensummen, das Rauschen zu Tal stürzenden Wassers. Durch lichten Wald führt der Weg die Passhöhe hinauf, dann über Almwiesen hinunter in das weite Talbecken, in dem die zwei Dutzend Weiler von Elva verstreut liegen. Gegen Ende des 19. Jahr- ›

hunderts lebten hier etwa 1200 Menschen. Heute zählen jene, die das ganze Jahr über bleiben, noch 50.

Am Abend zieht ein Junge mit dem Fahrrad Kreise auf dem Kirchenvorplatz. Er hat ein hübsches, offenes Gesicht, ein strahlendes Lächeln. Eugenio ist eines von sechs Kindern im Dorf. Auch seine kleine Schwester lernen wir kennen: einen blonden Engel mit bohrendem Blick. Das Mädchen sitzt am Morgen im weißen Schlafanzug vor der Haustür und wiegt einen Welpen im Arm wie seine Puppe. Wenn das Kind nächstes Jahr zur Schule kommt, wird es die Lehrerin ganz für sich haben: Die einzige Schülerin in diesem Jahr muss dann zum weiterführenden Unterricht ins Haupttal.

1. Heimat für immer weniger: 1027 Personen lebten 1861 in Sambuco im Stura-Tal. Heute sind es nicht einmal 100. **2.** Wer Arbeit sucht, muss sie sich schaffen. Die Bäuerin Laura Lacopo, vor 23 Jahren zugewandert, betreibt mit anderen die Käserei-Kooperative in Elva. **3.** Duftraum: Mindestens fünf Wochen lagern die Käselaibe, um ihr Aroma zu entwickeln. **4.** Weg durch die Wolken: Von der Valle Maira zur Valle Grana verläuft der Pfad lange Zeit oberhalb von 2000 Metern

1. Riecher für heilende Kräuter: Der 78-jährige Pietro Raina sammelt Pflanzen auf den Höhen von Elva. **2.** Etappenziel: Ein deutsch-österreichisches Ehepaar sanierte Teile von San Martino Inferiore, richtete Gästeräume und eine Bibliothek ein. **3.** Vor ihrem Gästehaus gedeihen Pflanzen in fast mediterraner Fülle. **4.** Leergutsammlung: Bis in 800 Meter Höhe wurde einst Wein gezogen

Das Haus ist schmal, direkt an der Straße gebaut, mit dem traditionellen Dach aus Schieferplatten. Daneben steht der große Ofen, in dem Eugenios Mutter Brot backt. Der Vater ist Forstaufseher. Er hat einen lapidaren Humor, doch sobald das Gespräch die Politik berührt, wird er bitter: „Weil wir wenige sind, zählen wir wenig. Das Schlimme hier ist, es gibt einfach zu wenig Menschen. Nur wo Menschen sind, ist Arbeit."

Wegen der Arbeit aber sind sie ja gegangen. Als in Turin ab 1950 die Autofirma Fiat florierte, „nahm sie uns hier alle weg", wie ein liebenswürdiger Greis in Stroppo sagt, der selbst zehn Jahre von Fabrik zu Fabrik wanderte, ohne es lange irgendwo auszuhalten – „denn die Fa-

brik ist wie tot sein." Aber hatten die Menschen eine Wahl? Eine Berggebietspolitik gab es praktisch nicht, alles schaute auf die Städte, die neuen Industrien. Aus diesem Blickwinkel musste die alte Welt wie ein Jammertal erscheinen – zumal Italiener die bäuerliche Lebensweise traditionell gering schätzen.

Als Laura Lacopo vor 23 Jahren nach Elva kam, eine blutjunge Braut aus Genua, war die Entfernung eher in Jahrzehnten als in Kilometern zu messen. „Ich ging 50 Jahre in der Zeit zurück." Ihre Mutter bot ihr an: „Wann immer du wieder heimkommen willst ..."

Laura Lacopo aber lebte sich ein – obwohl die Landwirtschaft ihr fremd war, der Akzent der Einheimischen schwer verständlich und die Toilette außer Haus. Sie sagt, irgendwie passe sie hierher, denn schon im Gymnasium war sie wütend geworden, wenn Mädchen sich über Handtaschen unterhielten. Heute spricht Laura Lacopo wie die Einheimischen Okzitanisch, eine Sprache, die sich im Mittelalter in Südfrankreich herausgebildet hat. Im Ort machen sie ihr das Kompliment, sie sei „bis ins Mark" zur Bäuerin geworden. „Hier ist das Leben vielleicht mühsamer, aber es ist nicht dumm", sagt sie bestimmt, eine kleine Person in Gummistiefeln und Schürze, die in schnellem Tempo mit Kannen und Gerät hantiert, während die Sätze aus ihrem Mund sprudeln. Die Käserei-Kooperative, der ihr Betrieb angehört, ist Teil dessen, was Laura „Qualitätssprung" nennt. Nicht alles in Elva ist wehmütiger Rückblick. Es gibt moderne Ställe mit 100 Stück Vieh, Agriturismi bieten ihre Betten an, und längst sind sogar schöne Badezimmer nichts Besonderes mehr.

Piemonteser Zuckerhut:
Wie hier am Colle San Giovanni schützen steile Felskuppen Täler, in denen oft mildes Klima herrscht

Arkadien liegt irgendwo zwischen Elva und San Martino. Hinter dem sanften Grat, der die Dörfer trennt, in einer geschützten Mulde, grast eine Herde Schafe. Ihr Rupfen übersetzt sich in drängendes Glockenspiel, die Spätnachmittagsonne färbt das Feld golden. Zu allem Überfluss sieht der Hirte, grau gelockt und mit Nickelbrille, auch noch aus wie Richard Gere in der Rolle eines Schäfers. „Aber nur in meinen strahlendsten Momenten." Guido lacht. In der Ebene hat er schon früher mit Vieh gearbeitet. Auf einer langen Reise hatte er genug Mut angesammelt, um seiner Bergsehnsucht nachzugeben, und in San Martino ein neues Leben begonnen. Das war vor zehn Jahren. Gereist ist er seitdem nicht mehr. Nur zwei Mal überließ er die Schafe für wenige Tage fremder Obhut, da musste er ins Krankenhaus.

Arkadien löst sich vollends in der würzigen Luft auf, als wir aufs Geld zu sprechen kommen. Guido nennt seinen Tagesverdienst, will die Summe jedoch keinesfalls notiert sehen: „Wie viele Träume das womöglich zerstört! Niemand soll abgeschreckt werden, nur weil ich zu kämpfen habe." Da war der endlose Winter: Am 20. Oktober brachte er den ersten Schnee, und vor ein paar Tagen erst, Mitte Juni, legte er die letzte Fuhre nach. Dann war Guidos Auto kaputt, und er musste zum Zahnarzt. Er wird jemanden finden müssen, der ihm Geld leiht, und er wird im Herbst mehr Lämmer verkaufen, als er möchte. „Doch ich klage nur, weil ich Angst habe, es nicht mehr lange zu schaffen. Ich würde alles tun, um hier bleiben zu können." Auch das ein Echo, das uns von Tal zu Tal begleitet.

Vor San Martino säumen Heckenrosen den Weg, eine Wiese leuchtet lavendelfarben, Schmetterlinge tanzen. Dann der Blick auf den Ort: Häuser, wie aus dem Fels gewachsen. Das ist die andere Seite der Landflucht, es gibt keine scheußlichen Neubauten. Ganze Dörfer in den Farbschattierungen alten Steins und verwitterter Balken. In der Kurve am Ortseingang steht ein Mann mit Bäuchlein und spitzer Nase und sucht durch ein Fernglas die Hänge ab. Costanzo Abello ist einer von vier Bewohnern, die in San Martino Superiore blieben.

Die Häuser sind dicht beieinander gebaut, in einer harmonischen Komposition, die ihre Rechnung mit den Winden, der Sonne und dem Schnee machte. Unwillkürlich tritt man in den ausgestorbenen Gassen behutsam auf und senkt die Stimme. Vorne auf dem Felsen, direkt am Abgrund, steht die kleine Kirche. Von hier können die Augen der Schlangenlinie des Tales folgen, bis sie ›

EINWANDERUNG ERWÜNSCHT

Die **Grande Traversata delle Alpi (GTA)** wurde 1985 eröffnet. Vorbild war ein Fernwanderweg in den französischen Alpen. Ausgewählt und populär gemacht hat die GTA vor allem ein deutscher Alpenkenner: Werner Bätzing, Professor für Kulturgeographie in Erlangen. Die GTA beginnt am Gries-Pass nahe der Schweizer Grenze und führt in 68 Tagesetappen über 650 Kilometer bis Ventimiglia am Mittelmeer. Bis auf 2600 Meter schraubt sich der Weg, 1000 Höhenmeter pro Tag sind nicht selten. Am Ende jeder Etappe gibt es einfache Unterkünfte mit Verpflegung.

sich im Dunst verliert. Irgendwo da hinten liegt die Welt, die wie ein Magnet die Häuser des Dorfes geleert hat.

Maria und Andrea Schneider aber sind den umgekehrten Weg gegangen. Das Ehepaar kaufte in den 1980er Jahren den gänzlich verlassenen unteren Ortsteil San Martino Inferiore und restaurierte behutsam einige der alten Steinhäuser. Sie richteten ein paar Gästezimmer ein, eine Bibliothek, einen Schlafsaal für die Wanderer. Die Deutsche und der Österreicher bewiesen eine glückliche Hand, das „Centro Culturale Borgata San Martino" bringt seit Jahren Gäste ins Maira-Tal.

Für die noch unrestaurierten Gebäude aber möchte Maria Schneider, inzwischen verwitwet, junge italienische Familien finden, damit das nicht „ein abgehobener touristischer Club" wird oder „eine museale Gegend".

„Maria war ein großes Glück für uns", sagt am anderen Tag ein Nachbar in Costanzo Abellos Küche. „So sieht man Leute, manchmal lernt man sogar jemanden kennen." Nieselregen schlägt an die Fensterscheibe. Abello, der einsame Mann mit dem Fernglas von gestern, hat uns eingeladen. Er legt ein Stück Holz im Ofen nach. In der Nacht ist er das ganze Dorf im Kopf durchgegangen, so, wie er es als junger Mann kannte. „Wir waren zu 50 damals." – „Nur 50?" Der Nachbar will es nicht glauben. Gemeinsam zählen sie noch einmal, Haus für Haus. „50, tatsächlich." Nachdenklich wiegt der Nachbar den Kopf. Dabei kam ihm das Dorf so voll vor. Dann bleiben sie eine ganze Weile stumm.

Auf dem Weg nach Celle di Macra warnt uns ein Straßenarbeiter vor Schlangen, was unseren Blick für beträchtliche Zeit auf den Boden heftet. Und dazu führt, dass wir die Blumen genauer betrachten – nirgendwo sonst in den Alpen soll es eine solche Fülle an Arten geben. Wohl auch nirgendwo so wenig Tourismus. Wir gehen in paradiesischer Einsamkeit.

In Celle di Macra hat der einzige Laden Ruhetag, und das Restaurant wird erst gebaut. Um uns herum steht der Mittag still. Der Magen knurrt ohne Hoffnung. Zum nächsten Ort sind es acht Kilometer die Straße hinunter, dort gibt es ein Café – aber auch dieses ist heute geschlossen. Das erklärt uns die warmherzige Frau, die uns schließlich rettet. Während wir die gesammelten Bocciapokale der Familie bewundern, belegt sie uns in ihrer Küche Brote. Als wir die Schönheit des Tals preisen, meint sie: „Ach, Sie hätten es sehen sollen. Jetzt ist ja alles zugewachsen!"

Aus dem Wald auf der gegenüberliegenden Talseite ragen nur hin und wieder wie braune Nester Häusergruppen hervor, Kirchturmspitzen. Keine Spur von den Feldern, die diese Siedlungen einmal umgaben. Erst wenn der Mensch geht, wird deutlich, wie sehr die Landschaft seinen Stempel trug, dass hier, was man gemeinhin als „Natur" bezeichnete, „Kultur" war – ein Meisterwerk in der Kunst des Überlebens. Stellen die Bergbauern die Arbeit ein, rückt auf der Stelle Wildwuchs vor. Manche Pflanzenarten aber verschwinden; an steilen Hängen wird der Boden schneller fortgeschwemmt; es kommt zu Lawinen, Fluten, Waldbränden.

Die Etappenunterkunft in Celle di Macra ist im Rathaus eingerichtet, Etagenbetten in zwei Räumen mit wunderbarer Aussicht. Ein Stockwerk darunter befindet sich das Gemeindeamt. Dort sitzen der frisch gewählte Bürgermeister und sein langjähriger Vorgänger, der noch Gemeinderat ist, zusammen. Der eine, Marco Cucchietti, hat ein glattes Jungengesicht mit spiegelnder Sonnenbrille, der andere, Michelangelo Ghio, ist nicht mehr ganz jung, ein Alternativer mit langen Haaren und ausgebeulten Hosen. Ihre Wahlvereinigung hat einen okzitanischen Namen: *noste pais*, unser Dorf.

Keiner der Männer aber wurde hier geboren; erst als Erwachsene kehrten sie in den Ort der Eltern und der Kinderferien zurück. Ihr Heimatgefühl ist deshalb nicht weniger stark, im Gegenteil: Es glüht mit der Inbrunst einer Erweckung. Viele Eltern, die einst in die Ebene zogen, ließen auch ihre Tradition und ihre alte Sprache zurück, weil sie dachten, dem Nachwuchs damit das Fortkommen in der Welt zu erleichtern. Doch in manchen Kindern keimte Nostalgie nach den Wurzeln. Im Bürgermeisterzimmer fallen Sätze wie: „In Cuneo habe ich gemerkt, dass ich kein Italiener bin." Oder: „Hinter der anderen Sprache steckt eine andere Art des Denkens."

So eine Heimkehr ist ganz ohne Pathos und Idealisierung wahrscheinlich nicht möglich, und manchmal irritiert das die ältere Generation. Doch die Jungen halten der Arroganz der Stadt ein nie gesehenes Selbstbewusstsein entgegen. Damit kehren sie das jahrhundertealte Muster um – und das ist eine Revolution, an die viele ihre Hoffnung auf eine neue Blüte der Täler hängen. Eine von Michelangelo Ghios Utopien ist eine Universität im Tal, an der alpine Bauweise und Landwirtschaft erforscht und gelehrt werden. Andererseits, meint er, wäre „mehr Normalität" nicht schlecht. War- ›

Durch Licht und Schatten zum Colle San Giovanni: Hinter Elva säumt Lärchenwald den Pfad

1. Gemütliches Chaos: Küche der Turinerin Giuseppina Bersani, die in Celle di Macra ein altes Haus übernommen hat. 2. Mit vereinter Kraft: Gläubige tragen die Figur des Heiligen Johannes in die Kirche von Paschero. 3. Echo der Berge: Die Kirchen im klobigen Stil der alpinen Romanik wirken wie aus dem Fels gewachsen. 4. Glück in urigen Mauern: Wie das Haus von Frau Bersani sind viele Gebäude aus rohen Steinen gefügt. Manche sind Hunderte von Jahren alt

Die Route des GEO-Teams: von Chiesa nach Sambuco

um nicht ein Callcenter im Talboden, mit vielen gut erreichbaren Arbeitsplätzen?

Nach zwei Sonnentagen schlägt das Wetter um. Auf dem Hochplateau zwischen Celle di Macra und San Magno führen Nebelfetzen mit den Felsen ein Drama auf. Aus den Bergfalten steigt Dunst auf, als wäre es Rauch, der aus Ritzen dringt. Unter unseren Füßen: smaragdgrüne, unter dem Schritt federnde Matten. Früher waren diese Wiesen als Almen begehrt. Doch von einer Gruppe Sennhütten auf dem Kamm sind nur Mauerreste übrig.

Wenn die Almgründe heute wieder Streitpunkt sind, dann liegt die Ursache in Erlassen der EU-Kommission und deren laxer Kontrolle durch italienische Behörden. Denn weil Subventionen für Kälbermäster umso höher sind, je größer die nominelle Weidefläche pro Tier ausfällt, mieten große Zuchtbetriebe aus der Ebene Bergweiden im Piemont, die zwar ungenutzt bleiben, aber so die Preise für die Ansässigen in die Höhe treiben.

In Sambuco aber, der letzten Station unserer Wanderung, schlägt uns Optimismus entgegen. Aus irgendeiner Quelle nährt sich die Zuversicht, der tiefste Punkt sei durchschritten. Hoffnungsfroh zeichnet Stefano Martini vom Kreisverband der *comunità montana* das Bild einer Zukunft, in der sich traditionelle Landwirtschaft und rücksichtsvoller Tourismus verbinden. Dem Weitwanderweg komme dabei große Bedeutung zu. Und über der Erinnerung an zwei deutsche Wanderfrauen, die beim okzitanischen Tanzkurs auf dem Dorfplatz spontan mitmachten, gerät er ins Schwärmen: „Sie zogen einfach ihre schweren Schuhe aus und tanzten in Strümpfen!" Wer heute in diesen Bergen lebe, sagt Martini, der tue es aus Überzeugung. Er ist sicher, dass sich langsam wieder mehr dafür entscheiden werden.

Und wenn nicht? Wenn die Trendwende, die sich in französischen Alpentälern sehr wohl einstellte, nicht kommt? Dann könnte die Region zum Spielball der Politik in den Zentren werden, fürchten die Gründungsväter der GTA. Immer wieder einmal verdunkeln große Projekte den Horizont: Stauseen, um den enormen Wasserbedarf der Po-Ebene zu decken, eine Paneuropäische Straße von Barcelona nach Kiew. „Manchem ist es gerade recht, wenn die Berge menschenleer sind", hat Ghio gesagt.

Ob irgendwann das Leben in diesen Tälern tatsächlich nur noch eine ferne Erinnerung sein wird, wachgerufen von aus dem Laub ragenden Kirchturmspitzen?

Pietro Raina wird wohl in jedem Fall der Letzte seiner Art sein. Wir haben ihn in Elva getroffen. Raina lebt allein, auf eine Weise, die manche mit Bewunderung erwähnen und andere mit leisem Schaudern. Die dunkle Höhle seines Hauses wollte er uns nicht zeigen, doch er führte uns auf den Heuboden, wo große Mengen Veilchen und blauer Enzian zum Trocknen ausgebreitet waren und einen betörenden Duft verströmten. Raina hat den größten Teil seines Lebens damit verbracht, in den Bergen Blumen und Heilkräuter zu sammeln, und noch jetzt, mit 78 Jahren, steigt er manchmal den ganzen Tag im unzugänglichsten Dickicht des Bergwaldes herum.

Auf den ersten Blick sieht er furchterregend aus: Durch einen Sturz über eine Wurzel verlor er ein Auge, die Gesichtshälfte mit dem gläsernen Ersatz ist eingefallen. Doch schon nach kurzer Zeit, während man der unerwartet sanften Stimme zuhört, wirkt Pietro nur noch auf natürliche Weise verwittert, unregelmäßig und knorpelig wie eine Wurzel, die aus dem Waldboden ragt. Und die schwieligen Finger, zwischen denen die Zigaretten zu fein und zu weiß aussehen, fühlen sich beim Abschied angenehm wie Rinde an. „Du magst die Welt kennen", sagt er zu dem Freund, der uns zu ihm gebracht hat und der früher als Lastwagenfahrer gearbeitet hatte, „aber ich trage hier die Erinnerung an das Leben von einst." Raina legt die Hand auf die Brust irgendwo unter dem Herzen. Hinter einem der verfallenden Nachbarhäuser steht ein kleiner Fiat, das hohe Gras reicht bis zum Fenster.

Als wir ein paar Tage später im Bus die Peripherie der Provinzhauptstadt Cuneo erreichen, erscheint sie uns unerträglich hässlich. **I**

In der Südtiroler Autorin **Barbara Baumgartner**, 34, weckte die Wanderung zwiespältige Erinnerungen an ihre Heimat: Im Vergleich zum stillen Piemont scheint Südtirol verbaut und überlaufen – aber auch wunderbar lebendig.

Für den Fotografen **Richard Dobson**, 41, war die Einsamkeit der GTA-Pfade eine „stimulierende Erfahrung": Er erlebte die einstige Kulturlandschaft als Kontrast zu den Weiten Südafrikas, auf die er sich spezialisiert hat.

FISCHZUG AM **VIERTAUSENDER**

Unzählige kaum bekannte Gipfel ragen kilometerhoch vom Ozeanboden empor. Sie bergen eine Artenfülle, deren Ausmaß Forscher erst langsam erfassen – und die von Fischereiflotten rasch dezimiert wird

TEXT: TIM SCHRÖDER

Das erste gute Bild erscheint, nachdem das Schiff ins Wellental gesackt ist. Gerade haben die Wissenschaftler im engen Labor der *Meteor* aufgeatmet und den Griff ihrer Finger um die Tischkante gelockert, da kommt Farbe auf den flimmernden Monitor. Schwärme von bläulichen Fischen ziehen über den Bildschirm, ihre riesigen Augen starr im Kegel der Scheinwerfer, dann verschwinden die Tiere wieder im Nichts. Eine Weile tastet der Lichtfinger der Videokamera durch die Leere. Flimmern unterbricht immer wieder die Aufnahme. Verzweigte Fächer von Hornkorallen tauchen auf, die gravitätisch in der Strömung schwingen. Wie Bäume klammern sie sich an den steilen Hang.

Die Wissenschaftler erkunden den unbekannten Reichtum eines Viertausenders. Schroff ragt der Seine Seamount vom Boden der Tiefsee bis 170 Meter unter den Meeresspiegel. Ein interessantes Forschungsfeld, denn während viele irdische Gipfel bekannt und vermessen sind, wissen wir über die meisten Unterseeberge so gut wie nichts. Sie gelten als weniger erkundet als die Krater des Mondes. Dabei spielen Seamounts vermutlich eine Schlüsselrolle für die Ausbreitung neuer Arten in den Ozeanen: Ihre Hänge dienen den Organismen als Trittsteine, um die Abgründe der Tiefsee zu überwinden.

Verglichen mit deren monotonen Schlammflächen, gedeiht auf den Gipfeln bunte Lebensvielfalt. „Seamounts sind so etwas wie Oasen in der Wüste", schwärmt der Hamburger Meeresforscher Bernd Christiansen, der die Expedition auf der *Meteor* leitet und an der Universität Hamburg das Forschungsprojekt „Oasis" koordiniert, das mehr Licht in die Finsternis unter Wasser bringen soll.

Als Seamounts gelten Spitzen von mehr als 1000 Meter Höhe. Etwa 800 solcher Gipfelgärten recken sich der Oberfläche des Nordatlantik entgegen, mehrere zehntausend sind es vermutlich im Pazifik. Anders als der solitär stehende Seine-Berg wachsen viele von ihnen aus der Nahtstelle zweier tektonischer Platten, wie etwa aus den Schrunden und Zacken des Mittelatlantischen Rückens. Hier driften Europa und Amerika auseinander, aus der Tiefe füllt heißes Magma die Lücke und quillt dabei zu massiven Bergen empor (siehe auch Seite 40).

An anderen Stellen fressen sich so genannte Hot Spots wie Schneidbrenner durch Bereiche einer Platte hindurch. Das aufsteigende Magma türmt sich an solchen Sickerstellen im Lauf der Jahrmillionen nicht nur zu Seegebirgen, sondern sogar zu Vulkaninseln auf. So entstanden etwa die Kanaren, der Galápagos-Archipel oder Hawaii. Nimmt man die Gesamthöhe vom Bergfuß und nicht die Höhe über Normalnull als Maßstab, ist der dortige Mauna Kea sogar der höchste Gipfel der Erde: 4205 Meter ragt er über den Ozean und steigt noch einmal 6000 in ihn hinab.

Gerade ihre Geburt als geologische Hot Spots könnte mit dafür verantwortlich sein, dass viele Seeberge zu biologischen Hot Spots geworden sind. Denn ein Magmaquell tief im Erdmantel bleibt stationär, die Platte aber, über der sich der Seeberg aufwölbt, wandert pro Jahr um einige Zentimeter. Irgendwann reißt der Magmafluss unter dem Seamount ab und sucht sich anderswo ein neues Ventil. Der Berg driftet langsam davon – eine Insel in Raum und Zeit, in der die Evolution ihren eigenen Gang gehen kann.

SEEIGEL (180 METER TIEFE)

SCHNEPFENFISCH (200 METER TIEFE)

RÖHRENWÜRMER

Um die unbekannte Vielfalt der Seamounts zu erforschen, lässt sich die Mannschaft der *Meteor* vom mächtigen Schwell des Atlantik 170 Seemeilen nordöstlich von Madeira auf und nieder wiegen. Unsanft schwingen die Stahltrossen mit den teuren Geräten hin und her. Die Arbeit an den untermeerischen Felsen gleicht der Erkundung eines nebelverhangenen Berggipfels aus der Ferne. Aber trotz magenfeindlicher Wellen herrscht Goldgräberstimmung an Bord. Denn viele der Wesen, die im Lichtkegel der Unterwasserkameras oder in den triefenden Behältern der Bodengreifer auftauchen, sind noch nie einem Menschen zu Gesicht gekommen.

Bizarr überlange Peitschenkorallen, seltsam gedunsen wirkende Schwämme, dünnbeinige Krebse und warzige Seegurken winden sich in den Untersuchungsbehältern an Deck. Bis zu 50 Prozent der Arten mancher Tiergruppen, die einen bestimmten Seamount bewohnen, kommen einzig und allein dort vor.

Im bodenlosen Dunkel sind die Gipfel so etwas wie das Tischleindeckdich der Ozeane. Denn die Bergflanken lenken Tiefenströmungen nach oben ab – ein Phänomen, das sonst in großem Stil nur in nährstoffreichen Küstengewässern auftritt. Im aufsteigenden Strom wiegt sich eine Vielzahl von Korallen, die auch in diesem kalten Wasser gedeihen. Ihre winzigen Tentakel filtern Plankton. Grazile Haarsterne stelzen wie in Zeitlupe durch diese Korallenhaine, große Krebse fressen alles, was sie zwischen die Scheren kriegen, Rochen gleiten an den Felsen vorbei wie Adler im Hochgebirge.

Auch Planktontiere wie Krebse, Schnecken und Pfeilwürmer sammeln sich im Meerwasser an den Gipfeln in besonderer Fülle. Die Zuflüsse aus der Tiefe spülen hier Nährstoffe empor, von denen winzige Algen leben, die wiederum den planktonischen Tieren als Weide dienen. Ringförmige Strömungen wirken möglicherweise als gigantische Fallen und hindern die Planktonschwärme daran, in andere Gebiete abzuwandern.

Fische, die sonst im Dunkel der Ozeane lange suchen müssen, bevor sie etwas Essbarem begegnen, brauchen sich bei diesen Schwärmen nur zu bedienen. Die Gegenwart größerer Schwimmer zieht ihrerseits noch mächtigere Jäger wie Delfine und Wale an, die sonst im Umkreis von Hunderten von Kilometern kaum mehr als leeres Wasser finden.

Wie Wälder ragen verästelte Korallen von den Hängen ins Wasser. Zwischen ihren Körpern mit einem Stützgerippe aus Horn oder Kalkstein (oben) finden andere Tiere ihre Nischen

In mehrere Arbeitsschichten verteilt, arbeiten die Forscher auf der *Meteor* Tag und Nacht. Die Wissenschaftler führen einen Wettlauf gegen die Zeit. Denn obwohl die Gärten im Dunkeln kaum ansatzweise erforscht sind, bedroht sie bereits Vernichtung. Die flachen Schichten der Ozeane sind zunehmend leer gefischt, seit Jahrhunderten existierende Bestände wie der des Kabeljaus vor Neufundland möglicherweise für immer verschwunden.

Die Fischereiflotten suchen daher unablässig nach neuen Fanggründen. „Mit Hunderten von Metern langen Grundschleppnetzen hobeln modernste Fabrikschiffe den Meeresgrund geradezu ab", sagt Stefanie ›

(180 METER TIEFE)

KALMAR (300 METER TIEFE)

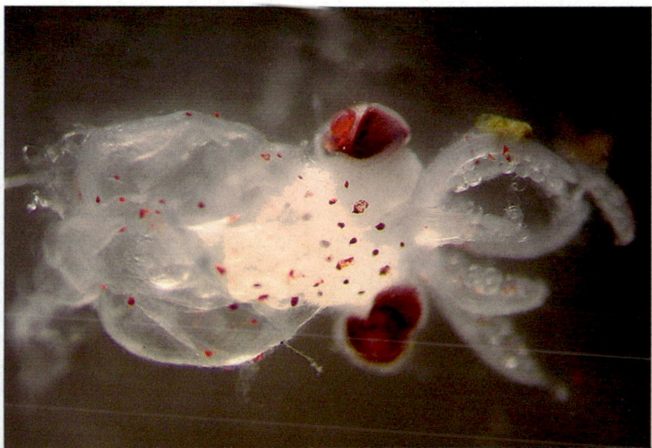

RUDERFUSSKREBS (650 METER TIEFE)

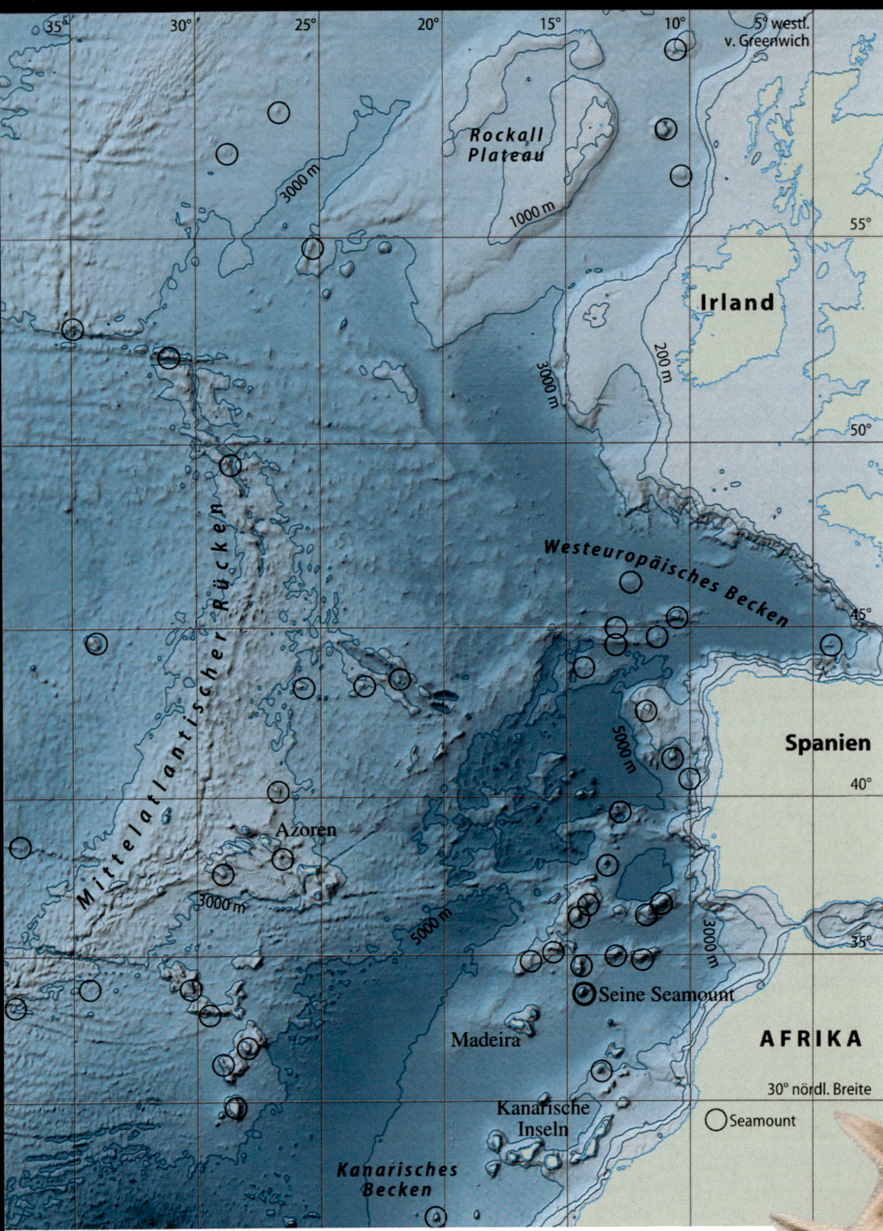

Vielerorts steigt der Boden des Atlantik zu Gipfeln an. Auch die Azoren und Madeira sind solche Meeresberge – die den Wasserspiegel durchbrochen haben

Schmidt vom WWF in Bremen. Gut anderthalb Kilometer lassen sich manche Fanggeschirre inzwischen versenken – ausreichend tief für viele flache Hänge und weite Gipfelplateaus. Aufgespannt an stählernen Scherbrettern, pflügen sie Schneisen der Verwüstung durch die wundersame Fauna des unsichtbaren Berglandes, hinterlassen einen Friedhof von Korallenbruchstücken, der sich viele Jahre oder Jahrzehnte nicht erholt.

Einige Fischarten sind bereits jetzt bis an die Grenze der Vernichtung ausgebeutet. Auch der Granatbarsch gehört dazu, dessen zartes weißes Fleisch vielerorts die seltener werdenden klassischen Speisefische wie Rotbarsch ersetzte. In den 1980er Jahren begannen neuseeländische Trawler, die See nach Schwärmen der bis zu 75 Zentimeter langen Granatbarsche zu durchkämmen. Zwei Jahrzehnte später waren die Fangmengen auf mickrige 30 Prozent gesackt. Und auch andere Arten waren an den Rand des Verschwindens gedrängt, denn zu jeder Tonne Speisefisch, die ins Netz geht, kommt eine weitere Tonne anderes Getier, das sich nicht nutzen lässt und als Beifang über Bord gekippt wird.

Dass Granatbarsch, Blauleng und Zwergdorsch, die neuen Nahrungsquellen der Tiefen, noch verwundbarer sind als Kabeljau und Tun, beruht auf den sonderbaren Bedingungen der dunklen Welt. Die Abgründe der Meere haben ihre eigene Zeit, und die kriecht viel langsamer als in der von Licht durchfluteten Flachsee. Nahrung ist rar, Organismen passen sich in Entwicklungstempo und Stoffwechselrate deshalb dem mangelnden Angebot an.

Ausgewachsene Granatbarsche, die zunächst im Netz und dann auf dem Teller landen, können weit über ein Jahrhundert alt sein. Die Tiere werden erst mit 30 Jahren geschlechtsreif, und manche pflanzen sich nicht öfter fort als einmal pro Dekade. Wenn sich die Barsche zum Laichen in riesigen Schwärmen an den Bergen sammeln, kann ein einziger Trawler eine ganze Generation aus dem Wasser sieben – ohne dass Ersatz die Lücke schnell füllen würde.

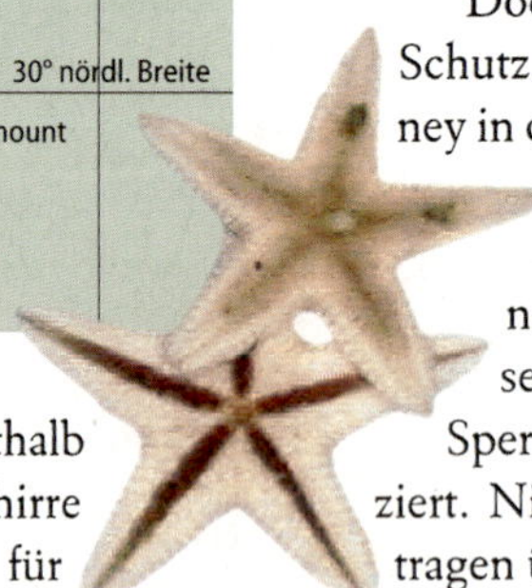

Doch erst wenige Seeberge stehen unter Schutz. Im Jahr 2000 wurde nordöstlich von Sydney in der tasmanischen See der australische Lord Howe Island Marine Park gegründet, ein Jahr zuvor war auf der Südseite des Kontinents die Tasmanian Seamounts Marine Reserve entstanden. Aber die Kontrolle solcher Sperrzonen in der Weite der Ozeane ist kompliziert. Nicht einmal drei Prozent der Gipfelgärten tragen überhaupt Namen, viele biologisch besonders interessante Berge sind der Wissenschaft wahrscheinlich noch gar nicht bekannt.

Nach ihnen suchen nicht nur die Forscher, sondern auch die Fischer: Viele Trawler lassen ihre Netze routinemäßig über bisher unberührte Hänge schrappen – auch wenn manche derart eroberte Fischgründe schon nach zehn Jahren bis zur Bedeutungslosigkeit geplündert sind. Dann fahren die Fangschiffe zum nächsten Berg. ❙

Der Oldenburger **Tim Schröder**, 34, mag auch flache Meeresböden. Auf denen, sagt er, könne man bei Ebbe wenigstens herumlaufen.

Mit 50 Yaks über den *Hindukusch*

Im Wakhan-Korridor, im äußersten Nordosten Afghanistans, harren die Pamir-Kirgisen in Dörfern aus, die höher liegen als die meisten Gipfel der Alpen. Neun Monate dauert der Winter hier. Und um das Lebensnotwendige einzukaufen, müssen die Menschen 5000 Meter hohe Pässe überwinden. Ein Fotograf hat sie auf dem gefährlichen Treck nach Pakistan begleitet

FOTOS: MATTHIEU PALEY PROTOKOLL: WOLFGANG BAUER

Die Yaks aus dem Wakhan-Tal sind für ihre Kraft berühmt. Aber auch sie können die Route nach Pakistan nur im Hochsommer passieren

Shopping als Schwerstarbeit

In Ziarat Baba Ghundi, der ersten größeren Siedlung auf pakistanischer Seite, haben die Kirgisen getauscht: Yaks, Felle und Butter gegen Getreide, Tee, Zucker, Kochtöpfe und Zigaretten. Jetzt nähen sie die Satteltaschen zu – für den beschwerlichen Ritt zurück in ihre Dörfer

Ewiger Strom aus Felsen und Eis

Bis ins Tal des Chapursan mahlt sich der Kuz-Gletscher seinen Weg durch die Kette der Sechstausender. Gewaltige Eisfelder bedecken die Region, wo Karakorum und Hindukusch zusammentreffen. Durch manche der Hochtäler liefen schon im Mittelalter wichtige Zubringerwege der Seidenstraße

Warten auf die Ware **Bis die Tauschgüter eingetroffen und alle Geschäfte abgeschlossen sind, vergeht viel Zeit. So lange können sich die Kirgisen von den Strapazen der Reise erholen**

Atemzüge rasseln in der Stille, kehlig, gequält, denn höher als sonst werden die Yaks getrieben. Blut tropft aus ihren Nüstern, rot fällt es auf den Schnee. Es hat über Nacht geschneit, das erste Mal in diesem Spätsommer. Mitleidlos zerren die Reiter am Eisenring, den sie für den Zügel durch die Nasenlöcher der Tiere gestochen haben. Die Gesichter der Männer sind lederne Masken. Sonne hat sie verbrannt, Frost sie zerfurcht. 50 Yaks, die Hochgebirgsrinder Zentralasiens, und zehn Menschen mühen sich durch knietiefen Schnee.

Sie nehmen einen Weg, den sie lange gemieden haben. Ihre Großväter und Väter hatten ihn nicht benutzt, weil er zu gefährlich war. Die Söhne aber haben keine Wahl. Denn im Norden Afghanistans ebbt der Krieg erst langsam ab, und so führt der sichere Weg nicht zu den Märkten nach Faizabad, sondern über die Pässe nach Pakistan, an Abgründen und Schluchten vorbei, deren Boden die Dunkelheit schluckt. Der Pfad schraubt sich gipfellose Hänge hinauf. Quert Steinschlaggassen; schäumende Flüsse, die Mensch und Tier fortreißen können. Führt weiter und weiter hinauf, Kehre um Kehre, vier Tage lang, dorthin, wo jeder Schritt zum Schmerz wird und der Sauerstoff knapp, wo alle Legenden enden und die Welt verstummt, denn die Geräusche aus dem Tal reichen nicht bis hierher hinauf. Nur der Wind zischelt an Felskanten. In solche Höhen winde sich der alte Weg, hatte man den Reisenden erzählt, dass sogar das Blau des Himmels schwinde und es tagsüber schwarz werde über ihnen. Wer den Kamm des Gebirges zwischen Afghanistan und Pakistan erreiche, 5000 Meter hoch, der schaue direkt hinaus ins All.

Die Yak-Karawane stammt aus einer der unwirtlichsten Regionen, die Menschen auf der Erde besiedeln: aus dem Wakhan im Nordosten Afghanistans. Vom Hindukusch im Südwesten begrenzt, vom Karakorum im Südosten, Pamir und Tien Shan im Norden. Wo die gewaltigsten Gebirge der Welt aufeinander schlagen, hat das Volk der Pamirkirgisen seine Jurten gebaut. Bis zu 7800 Meter falten ›

Brücke ins Diesseits **Ein paar Holzbalken führen über den Chapursan-Fluss nach Ziarat Baba Ghundi. Dort gibt es Geschäfte, Steinhäuser, eine Schule**

Klassenzimmer mit Spitzen-Aussicht

Unterstützt von humanitären Stiftungen, kann sich jedes Dorf im Chapursan-Tal eine Grundschule leisten. Verglichen mit der Situation der Kirgisen jenseits des Passes ein Luxus – wenn auch im Sommer manchmal der Unterricht wegen Überfüllung nach draußen verlegt werden muss

sich hier die Berge auf. Die Kirgisen bewirtschaften Weidegründe, die höher liegen als die höchsten Spitzen der Alpen. Es ist nur ein kleines Grüppchen, das aushält unter diesen Bedingungen. 1200 Frauen und Männer leben in den Haupt- und Nebentälern. Ihr Schicksal entscheidet sich jedes Jahr neu, jeden Winter. Die Nomaden zogen nicht freiwillig in diese Höhe. Die Weltgeschichte ließ sie vor 70 Jahren dort stranden.

Die politischen Grenzen sind hier noch rauer als die topographischen. Die Kirgisen und ihre Yaks leben in einem schmalen Streifen zwischen der früheren Sowjetunion, heute Tadschikistan, und Pakistan. Im Osten ist China. Im Westen das Chaos. Dort liegt das Kernland Afghanistans, zu dessen Staatsgebiet der Wakhan-Korridor gehört. Wie ein langer dürrer Finger schiebt er sich über Hunderte Kilometer in die Hochgebirge vor, an manchen Stellen nur 15 Kilometer breit. Die Briten wollten hier im 19. Jahrhundert die Russen vom Empire fern halten und formten einen Pufferstreifen. 1895 dienten sie ihn dem neutralen Herrscher von Afghanistan an. Der lehnte zunächst ab. Nicht geschenkt wollte er den Wakhan. Zu unwirtlich, zu entlegen erschien er ihm. Die Annexion ließ er sich von England mit jährlich 50 000 Rupien bezahlen. Zum ersten Mal durchpflügten nun Grenzen das Weidegebiet der Hochgebirgsnomaden. Die Falle für die Kirgisen war aufgestellt, vier Jahrzehnte später schnappte sie zu.

Die Hirten hatten bis dahin nur die Sommer über im Wakhan gelebt. Vier Monate im Jahr ließen sie dort ihre Herden grasen, rechtzeitig vor dem ersten Schneefall zogen sie sich in die niedriger liegenden Steppen Usbekistans zurück. Sie wussten, warum sie den Winter im Wakhan mieden: Acht Monate Schneestürme, Temperaturen, die oft unter minus 30 Grad Celsius fallen. Lawinen und Wölfe. Nur ganz wenige Familien siedelten damals dauerhaft in der Region. Die Revolution in Russland zerbrach diese Ordnung. Die Kommunisten hatten die Nomadenvölker in Zentralasien als Systemfeinde ausgemacht, Millionen von Menschen unterschiedlicher Nationalität. Kasachen, Usbeken, Kirgisen. Ihre bewaffneten Aufstände wurden von der Roten Armee rasch niedergeschlagen, ihre Kulturen zerstört. Die entleerten Steppen füllten die Kommunisten mit landlosen Russen.

Viele Nomadenstämme, die zur Sesshaftigkeit gezwungen werden sollten, flohen, so auch der Khan der Pamirkirgisen. Er suchte mit 250 Familien Zuflucht im Gebiet der alten Sommerlager. Zunächst blieb die Grenze offen. Immer noch pendelten die Yaks zwischen Winter- und Sommerweiden, bis Stalin in den

Trost in kahlen Halden **Kirgisen beten vor der Heimreise am Schrein des islamischen Heiligen Baba Ghundi. In der Nähe entspringt eine Quelle, deren Wasser Krankheiten heilen und Kinderlosigkeit beheben soll**

Strahlende Neugier **Kichernd beäugen Wakhi-Frauen die Ankömmlinge. Fremde sind hier immer noch ein seltener Anblick; bis 1999 war das Gebiet für Ausländer gesperrt**

1930er Jahren die Übergänge schließen ließ. Seine Nachfolger errichteten einen doppelten Metallzaun auf der Grenzlinie. Die Kirgisen saßen fest. Und mussten sich einrichten in der eisigen Einöde.

Hier werden ihre Herden dezimiert von gewalttätigen Winter- und Frühjahrsstürmen, den *joots*, vor denen sie früher nach Tadschikistan auswichen. Hohe Steinumfriedungen schichten die Kirgisen jetzt auf. Damit die Winde das Vieh nicht ganz schutzlos treffen. Häufig ohne Erfolg. Es wird von Viehhaltern berichtet, die in ihrem Tal während eines einzigen Orkans 70 Prozent ihrer Yak-Herde verloren.

Die Männer der Karawane halten Kurs, in sich versunken, egal ob Regen ihnen eisig ins Gesicht schlägt oder Schnee. Ihr Ziel ist Ziarat Baba Ghundi. Es leuchtet von weitem. Tief unten im pakistanischen Chapursan-Tal, auf einer Höhe von 3600 Metern, glänzt eine weiße Lehmwand mit rot gemauertem Schrein. Das erste feste Gebäude nach der Grenze. Es ist das Grabmal eines Heiligen, der im Mittelalter die Berge durchwanderte.

Die Tiere der Kirgisen sind schwer beladen mit *ghee*, geklärter Yak-Butter, die so viel nahrhafter ist als die anderer Rinder. In Beuteln aus Ziegenleder bringen die Männer *qurut*, zu Brikettstücken getrocknete Molke. Dazu Felle und die Yaks selber. Die begehrtesten, weil kräftigsten Yaks weit und breit. Sieben Händler aus Nordpakistan warten seit Tagen in Ziarat Baba Ghundi auf die Ankunft der Karawane. Sie liegen im Schatten des Schreins, blicken auf die Gebirgswand, die sich die Kirgisen hinabkämpfen, und dösen.

Der Berg gibt die Handelsroute nur zwölf Wochen frei, danach schließt er sie wieder. Winde wüten dort, sagen die Kirgisen, denen kein Mensch standhalten kann. Schnee liegt so hoch, dass auch die zähesten Yaks ihn nicht brechen können. Allein zwischen Juli und September wagen Karawanen die Passage, sieben bis acht sind es jedes Jahr auf der Route. In Ziarat Baba Ghundi tauschen die Männer Yaks und Yak-Produkte gegen Güter ein, ohne die sie nicht überleben können: Getreide zum Beispiel. Im Wakhan ist es den Kirgisen nur an verschwindend wenigen Stellen gelungen, Gerste anzubauen. Der an Kargheit nicht zu überbietende Ort Ziarat Baba Ghundi ist ihnen lang ersehntes Einkaufsparadies. Säcke und Korn bringen sie ihren Familien von dort mit, dazu Tee, Zigaretten und Kochtöpfe.

Immer wieder diskutieren die Wakhanbewohner in ihren Campversammlungen, ob all diese Mühen sich noch lohnen. Ob sie weiter Armut, Krankheiten und eine extrem hohe Kindersterblichkeit erdulden sollen. Es gibt keine Krankenstation im Stammesgebiet. Es gibt nur schmerzstillendes Opium. Die Kirgisen verabreichen es sich gegen alle Leiden, gegen Zahnweh, Kopfweh, Grippe, Krebs. Das Rauschgift zersetzt die kirgisische Gesellschaft seit Jahrzehnten. 90 Prozent › der Erwachsenen sollen im Wakhan opiumabhängig sein.

Den letzten Massenexodus hatte es vor 26 Jahren im Wakhan gegeben. Das ganze Volk zog 1978 über die Pässe nach Pakistan. Wieder nicht freiwillig. Wieder trieb der Kommunismus es vor sich her. Dieses Mal kam er von Westen, als russische Truppen auch den Wakhan besetzten. Im Exil entschloss sich Khan Rahman Qul aufzugeben und mit den Nomaden nach Alaska zu emigrieren. Dort wollten sie Viehzucht betreiben. Die USA zögerten. Schließlich flog Rahman Qul 1982 mit 1138 seiner Gefolgsleute in die Türkei, die dem Turkvolk Aufnahme angeboten hatte. In mehreren Bussen wurden sie vom Flughafen Adana an den anatolischen Van-See gefahren. „Ulu-Pamir" nannten sie dort ihr neu errichtetes Dorf. Der große Pamir.

50 Familien stiegen damals nicht in die Passagiermaschinen der Pakistan International Airlines. Sie wanderten in den Wakhan zurück, sind die Keimzelle der heutigen Bevölkerung. Die Verbindung zwischen beiden Gruppen riss nahezu ab. Extrem entwickelten sie sich seither auseinander. Die einen, im Euphratgebirge, haben Internetanschluss, den anderen, im Wakhan, mangelt es an Hufeisen.

Botschaft aus der Vergangenheit

Mullah Abdul Kasim ist einer der wenigen Pamir-Kirgisen, die schreiben können. Den Brief an seinen Bruder, der wie die meisten Stammesmitglieder vor 22 Jahren in die Türkei ausgewandert ist, übergab er dem Fotografen. Im Dorf Ziarat Baba Ghundi (rechts) treffen sich die Einwohner auf dem Weg zum Markt

In Ziarat Baba Ghundi kichern Frauen beim Anblick der eintreffenden Kirgisen mit ihren ausgetretenen Schaftstiefeln, den russischen Militärhosen, den fransigen Fellmützen auf dem Kopf. Die Frauen zeigen auf sie, flüstern. Im Chapursan-Tal siedeln Wakhi, die Ursprungsbevölkerung des Korridors. Sie pilgern nach Ziarat Baba Ghundi, beten für Gesundheit und für Kinderreichtum. Routiniert wickeln Kirgisen und Wakhi ihre Geschäfte ab, hier und da gibt es ein Lächeln. Aber niemand kann sich erinnern, dass eine Wakhi jemals einen Kirgisen geheiratet hätte oder umgekehrt.

30 Yaks verkaufen die Reiter dieses Mal. Die restlichen Tiere bepacken die Männer mit den Besorgungen, 150 Kilogramm auf jedes Tier. Eine Holztür ist auch dabei, für die Jurte eines reicheren Viehhalters – quer wird sie einem Yak über den Rücken gespannt. Eine Stunde brauchen die Kirgisen, um die unwilligen Tiere unter das Gepäck zu bringen, dann beginnen sie erneut, den Hindukusch hinaufzusteigen.

Es ist nicht sicher, ob die Karawane im nächsten Jahr nach Ziarat Baba Ghundi zurückkehren wird. Die Verhältnisse im afghanischen Kernland scheinen sich zu beruhigen.

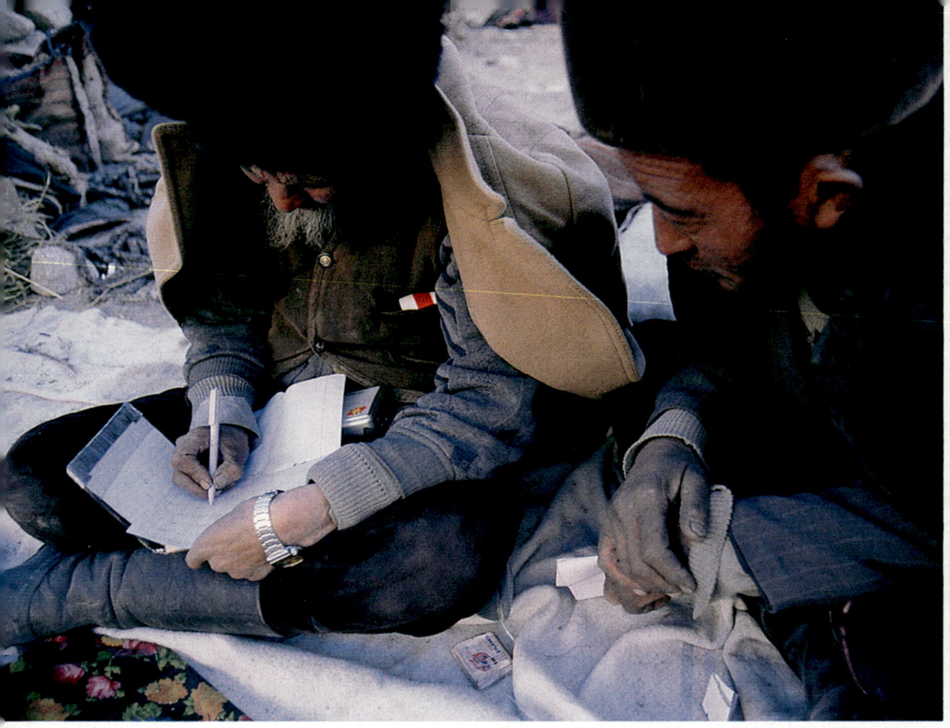

Hartes Terrain für Aufsteiger

Schwer beladen kämpfen sich die Yaks hinauf zu den farbigen Bergen, wo auf 5000 Meter Höhe Afghanistan beginnt. Doch viele der Vorräte werden nicht bis zum nächsten Sommer reichen

Die Tortur der Passüberquerung wird vielleicht überflüssig. Allmählich beginnen wieder Wanderhändler von Faizabad und Kundus aus das Land zu durchstreifen. Einzelne von ihnen sind sogar schon in den Wakhan gekommen. Auf dem Eis der zugefrorenen Flüsse steigen sie im Winter hinauf in den Korridor. Noch aber sind es nicht genug. Hilfsorganisationen bringen ab und an Lebensmittel über die tadschikische Grenze. Doch auch das lindert die Misere nur.

Den Vorschlag ihres Anführers, nach Kirgisistan auszuwandern, haben die Jurtengemeinschaften abgelehnt. Der Wakhan ist hart, aber sie wissen, was sie an ihm haben. Kirgisistan ist ihnen fremd.

Eingewickelt in Satteldecken, verbringen die Männer der Yak-Karawane die Nächte im Freien. Das Zelt des Mullahs, der den Zug anführt, besteht aus lose zusammenhängenden Fetzen. Mehr Löcher als Stoff. Er hat sich in Ziarat Baba Ghundi eine neue Sonnenbrille besorgt. Die alte war zerbrochen, im Wakhan ein ernstes Problem. Die Sonne löscht den Menschen das Augenlicht, so aggressiv strahlt sie hier. Besonders im Winter ist die Landschaft wie ein Brennglas. Deshalb gibt es viele Halbblinde unter den Kirgisen – schon Kinder haben Augenentzündungen.

Es ist der nächste Tag, als sie vor sich einen Berg sehen, leuchtend orange, atemverschlagend schön: eine steinerne Sonne, die hinter aschgrauen Schotterfächern glüht. So prachtvoll beginnt Afghanistan. Hier verläuft die Grenze. Sie wissen jetzt: Zu ihren Familien sind es noch zwei Tage. Erneut treiben sie ihre Yaks an. Die Reiter pfeifen und jauchzen. Sie tun, was die Nomaden seit einem Jahrtausend tun: mit ihren Tieren durch die Berge ziehen. Das ist ihr Glück. Das ist ihr Fluch. In der Ferne rumpeln Felsabbrüche zu Tal. ❙

Der Fotograf **Matthieu Paley**, 31, und seine Frau **Mareile** dokumentieren seit 1999 das Leben unter den Gipfeln des Hindukusch und sind für humanitäre Organisationen wie die Aga Khan Foundation tätig. **Wolfgang Bauer**, 34, freier Journalist aus Reutlingen, hat ihre Erlebnisse aufgeschrieben.

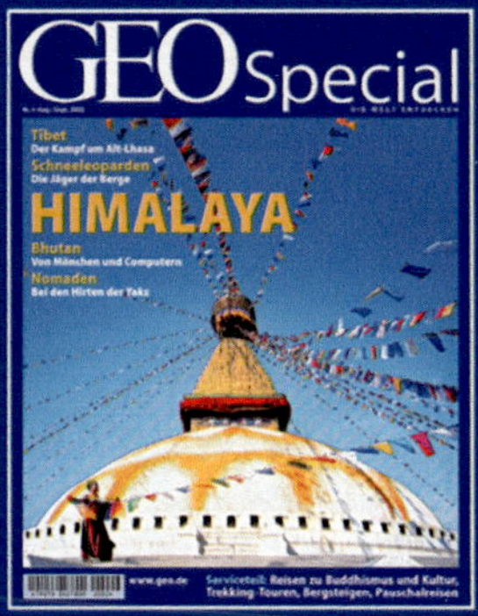

zweite Chance im Leben.

Jetzt im ausgesuchten Buch- und Zeitschriftenhandel. Falls Sie eines dieser Hefte verpasst haben, bieten sich jetzt folgende Möglichkeiten: Sie können zum Zeitschriftenhändler Ihres Vertrauens gehen und danach fragen. Sie können sich direkt an GEO wenden – Tel. 01805 / 86 18 003* oder Fax 01805 / 86 18 002*. Sie können im Internet unter www.geo-webshop.de nachschauen. Oder Sie können sich auf das neue Heft freuen. Und wenn das alles immer noch nicht zum Ziel Ihrer Träume führt – dann können Sie auch hinfahren.

*(12 Cent/Min.)

GEO Shop

Die Welt entdecken mit GEO

GEO REISE-SERVICE

DIE GROSSEN BERGE DER ERDE

DIE WICHTIGSTEN TIPPS UND ADRESSEN FÜR DIE REISE

INHALT

ORIENTIERUNG 139

WANDERN IN EUROPA 142

KINDER 144

FREECLIMBING 145

MOUNTAINBIKING 146

HEILIGE PFADE 148

PATAGONIEN 150

ALASKA 152

AFRIKA 154

Durch blühende Landschaften laufen viele alpine Weitwanderwege, wie hier zum italienischen Weiler San Martino

Mit Kind am Kegel: Selbst junge Kraxler können, richtige Sicherung vorausgesetzt, Berghänge spielerisch meistern

Kleines Ritzel für große Berge: GEO Special stellt einige der schönsten Mountainbike-Touren weltweit vor, die auf die Natur Rücksicht nehmen

Spitze unter den heiligen Bergen: der Kailash in Tibet. Viele Klöster und Kultstätten im Himalaya wurden vor kurzem für Ausländer geöffnet

Abenteuer Alaska: Der eisige Denali krönt die ungezähmte Natur des nördlichsten und wildesten amerikanischen Bundesstaats

BESTE AUSSICHTEN FÜR GIPFELSTÜRMER

Gebirge sind bis heute Refugien des Ursprünglichen geblieben. Wer sich nach der Wildnis sehnt, muss nur hinaufsteigen: Selbst in Europa fängt die Freiheit gleich über unseren Köpfen an

Der Blick ist das Ziel: Wanderer verschnaufen über dem Ötztal

Almen & Achttausender

Hochgebirge bedecken rund ein Fünftel der Landfläche weltweit. Dieser Reise-Service muss sich deshalb auf eine enge Auswahl aus den wichtigsten Bergregionen beschränken. Neben besonders eindrucksvollen Touren liegt der Schwerpunkt auf neuen und eher unbekannten Gebieten.

Information

Alpine Sicherheit, Naturschutz, Hütten, Karten, Wetter- und Lawinenlagebericht - wie ein „ADAC der Gebirge" kümmert sich jeder nationale Alpenverein um viele Aspekte des Bergsports. Clubs im deutschsprachigen Raum:

Deutscher Alpenverein (DAV), **Von-Kahr-Str. 2–4, 80997 München, Tel. 089/ 14 00 30, www.alpenverein.de**

Österreichischer Alpenverein (OeAV), **Wilhelm-Greil-Str. 15, A-6010 Innsbruck, Tel. 0043-512/595 47, www.alpenverein.at**

Schweizer Alpen-Club (SAC), **Monbijoustr. 61, CH-3000 Bern 23, Tel. 0041-31/ 370 18 15, www.sac-cas.ch**

Alpenverein Südtirol (AVS), **Vintlerdurchgang 16, I-39100 Bozen, Tel. 0039-0471 97 81 41, www.alpenverein.it**

Bergmuseen

Messner Mountain Museum

Nicht nur ein Museum – gleich fünf Häuser sind es, mit denen der Extrembergsteiger, Höhenphilosoph und Grünen-Politiker Reinhold Messner den Menschen seine Vision der Berge nahe bringen will. Drei wurden bereits eröffnet. Im „Flohhäuschen" am Fuß des Ortlers, das nicht größer als eine Bergkapelle ist, nächtigten früher Bergsteiger. Nun hängen dort unter anderem alte Pickel, Seile und andere Ausstellungsstücke des winzigen Museums **Alpine Curiosa** (**Stilfs, Tel. 0039-0473 61 30 15**). Auf **Schloss Juval** im Vinschgau stellt Messner seine Sammlung tibetischer Volkskunst aus (**Kastelbell-Tschars, Tel. 0039-0473 22 18 52**). In 2181 Meter Höhe, auf dem Gipfel des Monte Rite, thront das **Museum Dolomites**, untergebracht in einer restaurierten Festung aus dem Ersten Weltkrieg. Mit Erinnerungsstücken, Gemälden und Skulpturen erinnert es an die frühen Dolomiten-Kletterer (**Cadore, Tel. 0039-0435 89 09 96, www.museonellenuvole.it**).

Museo Nazionale della Montagna

Turin, Via G. Giardino 39, Tel. 0039-0116 60 41 04, www.museomontagna.org, tgl. 9–19 Uhr

Der italienische Fotografie-Pionier Vittorio Sella (1859–1943) begann bereits 1879, seine sperrige Ausrüstung auf die höchsten Gipfel der Alpen zu schleppen, was ihn ganz nebenbei zu einem der besten Bergsteiger seiner Zeit machte. Sella reiste später nach Alaska und nach Afrika, sah den Kaukasus und Karakorum. Viele seiner Arbeiten finden sich heute in der Fotothek des Museums, das der Italienische Alpenverein CAI 1888 eröffnete. Wegen Umbauarbeiten derzeit nur für wechselnde Ausstellungen geöffnet.

Alpines Museum des Deutschen Alpenvereins

München, Praterinsel 5, Tel. 089/211 22 40, www.alpines-museum.de, Di–Fr 13–18, Sa/So 11–18 Uhr

Das Museum besitzt eine beachtliche Sammlung an Gemälden, Druckgrafiken und historischen Postkarten. Die über 40 Bilder des englischen Alpenmalers Edward Theodore Compton ruhen im Depot.

LITERATUR

Werner Bätzing: Die Alpen. Geschichte und Zukunft einer europäischen Kulturlandschaft C. H. Beck, 2003, 34,90 €. Werner Bätzing, Professor für Kulturgeographie in Erlangen, beobachtet seit Jahrzehnten, wie sich das Verhältnis von Mensch und Natur in den Alpen wandelt – dass die Berge mancherorts vereinsamen, anderswo verstädtern. Sehr engagiert, aktuell und lesbar geschrieben.

Maurice Herzog: Annapurna. Erster Achttausender Ullstein, 1952, nur noch antiquarisch erhältlich. Der Klassiker unter den vielen Berichten von Erstbesteigungen. Herzogs Schilderungen, vom Krankenbett aus diktiert, haben literarische Qualität.

David Aeschimann, Konrad Lauber, Daniel Martin Moser, Jean-Paul Theurillat: Flora Alpina Haupt, 2004, 190 €. Die zwei kiloschweren Bände plus Register sind nicht unbedingt ein Feldführer – dafür aber beschreiben sie erstmals komplett und mit Foto alle 4500 Gefäßpflanzen der Alpen und ihre Verbreitung. Ein Jahrhundertwerk, bei weitem nicht nur für Botaniker.

Richard Sale, John Cleare: On Top of the World. Die 14 Achttausender: Von den Erstbesteigungen bis heute BLV, 2001, 35 €. Nirgendwo anders werden die Dramen an den Gipfeln so gut nachvollziehbar. Viele Bilder und umfangreiche Dokumentationen.

Edwin Bernbaum: Sacred Mountains of the World University of California Press, 1997, nur noch antiquarisch erhältlich. Ein umfassendes Buch über heilige Berge. Fundierte Kenntnisse, hohes philosophisches Niveau, mit Leidenschaft geschrieben. Ein Referenzwerk.

Heinz Staffelbach: Urlandschaften der Schweiz AT Verlag, 2004, 38 €. Ein besonderer Wanderführer: Minutiös beschrieben, hervorragend bebildert, stellt das Buch Wanderungen durch unversehrte und unbekannte Naturregionen der Schweiz vor. Eine Anleitung zur Heimkehr.

BERGZEITSCHRIFTEN

BERGE. Von Aconcagua bis Zermatt – die zweimonatlich erscheinende Zeitschrift (6,90 €) stellt in jedem Heft eine Bergregion der Welt umfassend vor (www.bergwelt.de).

PEAK, ein neues Alpin-Magazin, das eher wie eine Szene-Zeitschrift aussieht, erscheint zweimonatlich zum Preis von 5 € (www.peak-magazin.de).

Bergsteiger. Das Monatsmagazin (4,60 €) wendet sich an alle Bergsportaktiven: Wanderer, Kletterer, Alpinisten, Skitourengeher und Mountainbiker (www.bergsteiger.de).

klettern. Ein Magazin für Sportkletterer, Bergsteiger und Expeditions-Alpinisten, erscheint zehnmal jährlich, Preis 5 € (www.klettern.de).

WEBSITES

www.peakware.com Englischsprachige Online-Enzyklopädie der Berge: Über 1700 Gipfel weltweit sind beschrieben

www.expeditionsbergsteigen.com Deutschsprachiges Portal und Forum für Bergsteigen, Trekking, Expeditionen

www.alpen-guide.de Online-Magazin für alle, die in den Alpen sportlich aktiv werden wollen: beim Nordic Walking, Wandern, Klettern, Mountainbiking, Rafting, Paragliding …

www.via-ferrata.de Klettersteige im gesamten Alpenraum

Schweizerisches Alpines Museum
Bern, Helvetiaplatz 4, Tel. 0041-31/350 04 40, www.alpinesmuseum.ch, Di–So 10–17, Mo 14–17 Uhr
In den modern gestalteten Ausstellungsräumen können Besucher eine Entdeckungsreise in die Geschichte der Alpen unternehmen. Dias, Videos, Gebrauchs- und Kunstgegenstände erzählen, wie die Natur der Schweizer Berge allmählich durch den Menschen erschlossen wurde – für die Berglandwirtschaft wie für den Tourismus.

Gletschergarten
Luzern, Denkmalstr. 4, Tel. 0041-41/410 43 40, www.gletschergarten.ch, 1. April bis 31. Okt. tgl. 9–18, sonst 10–17 Uhr
Vor 20 Millionen Jahren schwappte an der Stelle des Vierwaldstätter Sees ein Meer an subtropische Strände, wie sich heute an versteinerten Muscheln und Palmblättern ablesen lässt. Vor 20 000 Jahren dagegen war Luzern von Eismassen bedeckt – das beweisen die Gletschertöpfe, die bis zu neun Meter tiefen Strudellöcher, die Schmelzwasser und Kies hier geschaffen haben. Im Gletschergarten werden Erd- und Eisgeschichte(n) so informativ wie unterhaltsam erzählt.

Alpine Gefahren

Die Werbung suggeriert Freizeitwanderern und Hobbybergsteigern: Mit der richtigen Ausrüstung kann in den Bergen nichts schief gehen. Wer braucht denn einen Bergführer, wenn er ein GPS-Gerät besitzt? Doch die **High-Tech-Ausrüstung**, die Sicherheit verspricht, erweist sich als größter Fallstrick. Anfänger neigen mit ihr oft zu **Selbstüberschätzung** und bringen sich damit in Gefahr. Tatsächlich kommen immer mehr Menschen in den Bergen zu Schaden, wie die Bergunfallstatistiken des Deutschen Alpenvereins zeigen.

Reality-TV in Cinemascope: das Knottnkino

In fast 65 Prozent aller Fälle sind die **Unfallursachen**: falsche Tourenplanung, Fehleinschätzung der Lage, mangelnde Ausbildung oder Leichtsinn. Auch wer „nur" bergwandern will, braucht fundierte Vorkenntnisse. Die kann man sich in **alpinen Kursen** aneignen, die von den Alpenvereinen und ihren Bergsteigerschulen, aber auch von privaten Bergschulen und Veranstaltern von Bergsportreisen angeboten werden. Erste Tipps finden Anfänger auch in der Broschüre **„Erlebnis Bergwandern"** des DAV.

Höhenkrankheit

Kopfschmerzen, Schwindel, Schlaflosigkeit, Erschöpfung, erhöhter Puls, Übelkeit, Appetitlosigkeit – das sind die Symptome, unter denen ab einer Höhe von 2500 Metern viele leiden, wenn sie zu rasch aufsteigen oder -fahren. Ausgelöst werden die Beschwerden durch **Sauerstoffmangel**. Mit zunehmender Höhe sinkt der Sauerstoffpartialdruck der Luft und damit die Sauerstoffaufnahme in der Lunge. Das Herz pumpt schneller, um den Körper mit dem Gas zu versorgen. Dennoch sinkt der Sauerstoffgehalt im Blut, was unter anderem zu lebensgefährlichen Ödemen und Störungen der Hirnfunktionen führen kann. Die **Akute Höhenkrankheit** (Acute Mountain Sickness, AMS) kann jeden treffen – völlig unabhängig von Alter und Trainingszustand. Wer nicht auf die körperlichen Warnsignale hört, gefährdet sein Leben. Denn gegen Höhenkrankheit helfen nur **Flaschensauerstoff** und **möglichst schnelles Absteigen**. Bei weiterem Aufstieg kann sich ein **Höhenlungenödem** (Symptome: rasselnder Atem, trockener Husten, hohe Ruheherzfrequenz) oder **Höhenhirnödem** (unsicherer Gang, Sehstörungen, Halluzinationen) ausbilden – oft mit tödlichen Folgen.

VORBEUGUNG: Bei Touren in großen Höhen, etwa beim Trekking im Himalaya, ist es ratsam, sich einige Tage lang auf 3000 Metern zu **akklimatisieren**. Die „Schlafhöhe" sollte nicht um mehr als **300 Höhenmeter pro Tag** gesteigert werden. Bei leichten Symptomen genügt oft eine eintägige **Ruhepause**. Fühlt man sich danach nicht besser, sollte man mindestens **500 Höhenmeter absteigen**.

BERG-„FILM"

„Knottn" heißen in Südtirol die rundgeschliffenen Felskuppen. Auf einem dieser Knottn, dem Aussichtshügel Rotenstein südlich von Meran, platzierte der Land-Art-Künstler Franz Messner vier Reihen Klappstühle und nannte diese Installation **Knottnkino**. Das Programm ist immer gleich und wechselt doch stündlich mit der Tageszeit und dem Wetter: Zu sehen ist ein IMAX-Panorama von der Texelgruppe bis Penegal und Weißhorn – Bergfilmfestival in Breitwandformat. Vom Gasthof Alpenrose bei Vöran erreicht man das Knottnkino in einer halbstündigen Wanderung. Info: www.geo-im.com/projekte/knottnkino.html

SO WEIT DIE FÜSSE TRAGEN

Fernwandern erlebt eine Renaissance: Immer mehr Urlauber entdecken alte Steige wieder, auf denen einst Händler oder Bauern zogen, und erfahren auf ihnen eine schon vergessen geglaubte Intensität der Berge

Wenig Aufwand, viel Gewinn: Wer wandert, hält Schritt mit der Landschaft

In den letzten Jahrzehnten haben die europäischen Wanderverbände alte Pfade und Steige systematisch zu Routen zusammengefasst. Viele nationale und internationale Wegenetze sind so entstanden, von denen GEO Special hier ein paar besonders eindrucksvolle Strecken vorstellt. Die meisten sind technisch nicht allzu anspruchsvoll.

Europäische Fernwanderwege

Elf Fernrouten mit insgesamt 54 070 Kilometer Länge verbinden die Länder Europas quer durch den Kontinent – etwa die Route **E1** von Westschweden bis zum italienischen Apennin oder die **E2** von der schottischen Atlantikküste zum Mittelmeer. Viele der Pfade queren dabei auch Alpen oder Pyrenäen. Zuweilen verlaufen sie dort auf historischen Routen, wie die E1 über den Gotthardpass. Hier ist der Pfad sogar gepflastert, mit Steinen, die Wanderer seit Hunderten von Jahren glatt getreten haben. Der Weg überquert eine Schlucht auf der Teufelsbrücke, die schon Goethe 1775 beeindruckte, und bohrt sich durch das Urner Loch, den ältesten Straßentunnel der Alpen von 1707.

Markierung und Unterhalt der einzelnen Europaweg-Etappen ist Ländersache, daher gibt es keinen einheitlichen Standard. Und da die wenigsten Wanderer eine komplette Tour in Angriff nehmen, sind vor allem Führer und Karten für Teilstrecken auf dem Markt. Einen guten Überblick vermitteln das „Handbuch für die Europäischen Fernwanderwege" von **Hans J. Gorges: Auf Tour in Europa** (Kompass-Verlag, 2002, 12,95 €) sowie die Websites des **Deutschen Wanderverbands** (www.dt-wander verband.de) und der **Europäischen Wandervereinigung** (www.era-ewv-ferp.org).

INFOS IM INTERNET

Trekker und Weitwanderer finden viele hilfreiche Tipps, Routenvorschläge und Mitwanderer hier: **www.netzwerk-weitwandern.de, www.trekking forum.com, www.fernwege.de, www.tourentipp.de**

Via Alpina

Seit 1999 entsteht ein internationaler Wanderweg durch alle acht Alpenstaaten. Ziel des Projektes: Die Route soll für jedermann gut begehbar sein, durch einzigartige Naturschutzgebiete führen, kulturelle und historische Stätten einschließen und die touristische Entwicklung der durchwanderten Gemeinden fördern. Bereits 2003 waren 5000 Kilometer Wanderwege eröffnet, aufgeteilt in 341 Etappen in Frankreich, Monaco, Italien, der Schweiz, Liechtenstein, Deutschland, Österreich und Slowenien. Die Via Alpina (**www.via-alpina.com**) folgt dem Alpenbogen in fünf verschiedenen Varianten, die jeweils farbig ausgezeichnet sind und zum Teil andere Wegesysteme wie die GTA (siehe unten) mitbenutzen. Der **Rote Weg** etwa bringt Wanderer in 161 Etappen von Triest nach Monaco und quert dabei 44-mal Ländergrenzen. Im Frühjahr 2005 wird ein umfassender Wanderführer in deutscher Sprache erscheinen.

München–Venedig

„Erfunden" hat die Strecke Ludwig Graßler aus Wolfratshausen, der Anfang der 1970er Jahre erstmals von Deutschland nach Italien marschierte. Inzwischen ist der Weg ein Klassiker, den immer mehr Wanderer ausprobieren. Weil die Route nicht offiziell ist, gibt es viele Variationsmöglichkeiten auf dem Weg vom Münchner Marienplatz durch die bayrischen Voralpen, die Zillertaler Alpen, die Dolomiten und die Ebene des Veneto bis zur Ankunft am Markusplatz in Venedig nach 520 Kilometern. Die ganze Strecke zu wandern dauert etwa vier Wochen. Eine gute Vorstellung gibt der Bildband von **Ludwig Graßler: Zu Fuß über die Alpen** (Bruckmann, München 2004, 45 €), nachzuwandern mit dem handlichen Wanderführer **Traumpfad München–Venedig** von Eva-Maria Troidl, Stefan Lenz, Ludwig Graßler (Bruckmann, 2003, 11,90 €). Infos auch unter: **www.muenchenvenedig.de**.

Gesellschaft am Wegrand: Rinder im Nebel

Tiroler Höhenweg

Die 129 Kilometer lange Tour verläuft meist in alpinem Gelände und ist daher recht anspruchsvoll. Sie führt in elf Etappen von Mayrhofen im Zillertal nach Meran. Der Wanderer überquert die Gletscher des Alpenhauptkamms und steigt dann zu den Weingärten des Etschtals hinab – 8480 Höhenmeter im Aufstieg und 9870 im Abstieg sind auf dem Weg von Österreich nach Italien zu bewältigen. Überschritten wird die Klimagrenze zum Süden hinter dem romantischen Pfelderer Tal, vorbei an den Spronser Seen, der größten hochalpinen Seengruppe Südtirols. Ausführliche Wegbeschreibung unter **www.eisacktal.info/hoehen weg/de**. Informationen auch bei den **Tourismusverbänden Mayrhofen** (Tel. 0043-5285/ 676 00) und **Eisacktal** (Tel. 0039-0472 80 22 32).

Italien: GTA

Die **Grande Traversata delle Alpi** ist eine grandiose Strecke durch die einsamsten Alpentäler Piemonts. Der Fernweg soll dort helfen, die Landflucht zu stoppen (siehe Seite 106). Über die 650 Kilometer lange Route vom Monte Rosa zum Mittelmeer informieren sehr detailliert und mit vielen historischen und landschaftskundlichen Exkursen

Einst Schrecken der Wanderer: die Via-Mala-Schlucht

die Führer des Erlanger Kulturgeographie-Professors **Werner Bätzing: Grande Traversata delle Alpi. Der Weitwanderweg durch die piemontesischen Alpen**, Teil 1: Der Norden, Teil 2: Der Süden (Neuausgabe im Rotpunktverlag Zürich, 2003, 20,50 € und 22,50 €). Sehr gut strukturiert ist die Website **www.gtaweb.de**, mit Wegbeschreibungen und einer detaillierten Einführung. Touren in kleinen Gruppen organisiert der deutsche Veranstalter **Tra Cultura e Natura** (Tel. 06406/743 63, www.tcen.de).

Schweiz: Via Spluga

Ein Netz von zwölf „Kulturwegen" soll im Verlauf der nächsten drei Jahre historische Schweizer Natur- und Kulturlandschafen erschließen. Bereits eröffnet ist die seit der Römerzeit genutzte, 65 Kilometer lange Via Spluga, die in Thusis (Graubünden) beginnt und über den **Splügenpass** ins italienische Chiavenna führt. Gleich auf der ersten Etappe müssen die Wanderer eine der abenteuerlichsten Passagen der Alpen bewältigen, die Via-Mala-Schlucht. Die Klamm ist nur wenige Meter breit, 300 Meter hohe, nahezu lotrecht aufragende Felswände säumen den schmalen Steig. Das Passdorf Splügen lag einst am Kreuzungspunkt wichtiger Transitrouten. Infos unter **www.viastoria.ch** und **www.viaspluga.com**; Prospektbestellung gebührenfrei: Tel. 00800 10 02 00 30, www.myswitzerland.com.

Balkan-Gipfel

Ein besonders romantischer, 700 Kilometer langer Abschnitt des **E3-Fernweges** verläuft durch das Balkan-Gebirge Bulgariens von der serbischen Grenze bis ans Schwarze Meer. Die Landschaft ist einsam und fast unberührt, der Weg windet sich durch Almen und alte Wälder. Am schönsten ist der Abschnitt im **Zentralmassiv** des Hohen Balkan, wo die Route zu den höchsten Gipfeln Vejen (2198 m) und Botev (2376 m) ansteigt. Übernachtet werden kann in Hütten, aber auch in orthodoxen Klöstern am Wegesrand. Der Weg ist nicht besonders gut beschildert, Wegweiser sind nur kyrillisch beschriftet, und die Schrift ist oft verblasst. Deshalb vertraut man sich hier besser einem zuverlässigen Bergführer an: Eine achttägige Balkan-Wanderung (ca. 85 Kilometer) organisiert der bulgarische Veranstalter **Spatia Wildlife Group** (Sofia, Tel./Fax 00359-2/986 12 12, Mobil 00359-88/921 35 46, http://wildlife.spatia-tour.com). Deren Guides sind ausgebildete Biologen, die wissen, wo man unterwegs am besten Vögel beobachten und vielleicht sogar Braunbären, Goldschakale, Hirsche oder Wölfe antreffen kann. Tour-Sprache ist Englisch, Deutsch wird verstanden.

Vom Atlantik zum Mittelmeer

Die komplette Überquerung der **Pyrenäen**, von Hendaya am Atlantik nach Llançà am Mittelmeer, verläuft die meiste Zeit in spektakulärer Hochgebirgslandschaft, durch eine in den Alpen rare Einsamkeit, vorbei an stillen Seen, durch kleine Dörfer mit Häusern aus Stein. Rund 450 Kilometer lang ist die Route, verläuft meist in Höhen um 2000 Meter und verlangt im Schnitt täglich zwischen 500 und 1600 Höhenmeter Aufstieg. Trekking-Spezialisten wie **Pyrenäen Reisen** (Tel. 040/38 08 94 45, www.pyrenaeenreisen.com) und **Gomera Trekking Tours** (Tel. 0911/207 87, www.trekkingreisen.de) bieten die Tour in sieben Blöcken zu je einer Woche an. Die Route folgt teils den Pyrenäen-Hochwegen GR 10 und GR 11 und durchquert drei Nationalparks; Besteigungen schneebedeckter 3000er-Gipfel sind möglich.

Korsika: GR 20

Die nicht extrem hohen, aber kargen und schroffen Berge der Mittelmeerinsel durchzieht der GR 20. Die rund 180 Kilometer lange Route folgt dem Hauptgebirgskamm innerhalb der Grenzen des korsischen Naturparks und dauert insgesamt etwa zwei Wochen. Der Weg führt über die Geröllhalden der Höhen, über verlassene Schafweiden und durch alte Kastanienwälder. Das Land ist menschenleer, unterwegs sind Verpflegungsmöglichkeiten rar, das bedeutet: schwere Rucksäcke mit mehreren Tagesrationen schleppen. Das Outdoor-Handbuch **Trans-Korsika: GR 20** (Conrad Stein Verlag, 2003, 12,90 €) beschreibt detailliert jede Etappe. Informationen rund um den GR 20 gibt es auch auf **www.abenteuer-corsica.de/gr20.html**.

Für die Kleinen das Größte: mit Mama und Papa in der Seilschaft einen Gipfel bezwingen

MIT DEM ZWERG AUF DEN BERG

Wenn es etwas zu entdecken gibt, steigen sogar schon die Kleinen stundenlang bergan. Doch nur wenige Ferienorte haben sich wirklich auf Kinder eingerichtet. GEO Special stellt einige von ihnen vor

Wandern

Kinder haben genügend Kraft, kurze Passagen zu kraxeln. Wer ihnen jedoch zu viel Ausdauer abverlangt, wird diese dann selbst brauchen – beim Tragen der müden Kleinen. Als Faustregel für die Tourenplanung gilt: Kindergartenkinder schaffen – abwechslungsreiche – Wanderungen von drei bis vier Stunden, Schulkinder bewältigen kleine Tagestouren. Gehzeiten von fünf bis sechs Stunden sollten jedoch nie überschritten werden. Entdeckungsspiele, Sagen und Märchen überbrücken manchen Durchhänger. Eine Broschüre **„Spiel, Spaß und Verstehen"** hat der Alpenverein zusammengestellt (im Internet unter **www.alpenverein.de**, „Publikationen").

Am besten setzen Sie gleich auf Wanderungen, die für Kinder und Erwachsene gleichermaßen spannend sind. Eine Tagestour in den **Urner Alpen** bei Luzern in der Schweiz zum Beispiel bietet das erste Highlight noch vor dem Loswandern: die zehnminütige Schiffsfahrt von Brunnen nach Treib. Von dort mit der Standseilbahn nach Seelisberg und zum Weiher Seeli mit seinen interessanten Amphibien. Wer will, kann anschließend mit der kleinen Seilbahn nach Weid (1288 m) hinauffahren – dort beginnt der Abstieg mit herrlichen Blicken auf den Vierwaldstätter See. Anspruchsvoller ist der Aufstieg zum **Titlis** in der Zentralschweiz. Der Weg von der Bergstation Klein Titlis (3032 m) zum Gipfel des Dreitausenders bietet eine Prise Abenteuer und Alpinismus. Zurück geht es über die Murmeltierwiesen zwischen Hüet- und Windegghütte.

Klettern

Wer gern gewandert ist, mag vielleicht höher hinaus. Eine große Kletterkarriere kann schon mit fünf Jahren beginnen – und das nicht einmal weit vom Elternhaus entfernt. Das Abc für spätere Alpinisten vermitteln die meisten **Sektionen des Alpenvereins**. Kinder ab neun Jahren können schon Mehrtages-Kurse besuchen – viele davon finden in der Jugendbildungsstätte des DAV statt, einem Haus bei Bad Hindelang im Oberallgäu. Informationen unter **www.jdav.de**. Für Kletterer ab 16 Jahren hat der **DAV Summit Club** (**www.dav-summit-club.de**) neue Herausforderungen: Eisklettern an gefrorenen Wasserfällen im Pitztal, Sportklettern in der Zentralschweiz oder eine Woche Viertausender-Training auf Monte Rosa, Breithorn, Dufourspitze und Signalkuppe im Wallis.

Auch **private Bergschulen** haben ein immer größer werdendes Angebot für Kinder, Jugendliche und Familien, aus dem sich jeder das Passende picken kann. Alle Schulen in Deutschland listet der **Deutsche Bergführerverband**: **www.bergfuehrerverband.de**. Für einen Kletterkurs können sich Familien mit Kindern ab zehn Jahren beispielsweise in der **Blaueishütte** im Nationalpark Berchtesgaden einquartieren. Im Klettergarten der Bergschule Watzmann lernen die Kleinen schnell die „drei Haltepunkteregeln", den gesteckten Sackstich zum Anseilen und den Abseilachter. Höhepunkt ist der Aufstieg zum 2065 Meter hohen Gipfel des Steinbergs mit Fernblick bis zum Wilden Kaiser.

Ferienorte

Die Behauptung, kinderfreundlich zu sein, ist oft Katalog-Poesie. Wer nicht reinfallen will, sollte sich auf **kontrollierte Gütesiegel** für Familienfreundlichkeit verlassen. In der Schweiz besitzen derzeit 24 Ferienorte das Siegel **Familien willkommen**. Zu den „Muss-Kriterien" gehören auf Kinder eingestellte Hotels und Restaurants, Naturspielplätze, Streicheltiere und Wanderwege, auf denen sich Kinderwagen schieben lassen. Schweiz Tourismus hat eine Broschüre zusammengestellt (**www.myswitzerland.com** oder **Tel. 00800/10 02 00 30**). In Österreich erkennt man Kinderfreundlichkeit an **Smileys** und **Schmetterlingen** (**www.kinderhotels.at** und **www.familyaustria.at**). Bayern verteilt **Bären** nach strengen Kriterien – bisher wurden zwei Regionen und zwölf Ferienorte ausgezeichnet (**www.kinderland.by**).

Gut verschnürt: Kinder sind Kletter-Talente

TIERE DER BERGE

Kühe sind nicht lila. Das hat auch ein Kind aus der Stadt kapiert, wenn es welche auf einer Almweide sieht. Aber wie sieht ein Wisent aus, und welche Farbe hat eigentlich das Fell eines Rothirsches? Alarm beim Frühstück, keiner weiß es. Antworten sind im **Alpenzoo Innsbruck** zu finden. Hier laufen und fliegen mehr als 2000 Tiere, 150 Arten, alle aus den Alpen. Tel. 0043-512/29 23 23, www.alpenzoo.at, tgl. 9–18, im Winter bis 17 Uhr.

LEKTÜRE-TIPP

Renate Florl: Mit Kindern unterwegs: Im Allgäu Fleischhauer & Spohn, 2004, 12,80 €. Empfehlenswerter Wanderführer, der auch für viele andere Regionen erschienen ist.

Heinrich Bauregger: Wandern mit Kindern: Oberbayerische Hausberge Bruckmann, 2003, 8,90 €. Kindgerechte, abwechslungsreiche Touren, die der ganzen Familie Spaß machen.

Remo Kundert und Werner Hochrein: Bergfloh – Bergwandern mit Kindern Rotpunktverlag, 2004, 24 €. Mit ausgewählten Touren für Glarnerland, Zentralschweiz und Nordtessin. Die Reihe wird bald erweitert.

Rudolf und Siegrun Weiss: Bergwandern mit Kindern in den Dolomiten GeoCenter, 2004, 13,90 €. Von den gleichen Autoren sind auch Führer für Wanderungen mit Kindern in Tirol erschienen.

SPIELPLÄTZE FÜR KÖRPERKÜNSTLER

Kletterhallen können den Reiz steiler Wände nicht ersetzen. Doch darum geht es auch gar nicht: Ungestört von Absturzangst und Wetterrisiken finden immer mehr Sportler ihr Glück in der reinen Bewegung

Ideallinie: Kunststoffgriffe geben Halt beim gewagten »move«

Das Klettern unterm Hallendach dient nicht nur der Vorbereitung auf das große Abenteuer. Es hat sich zu einer eigenen Spielart des Klettersports entwickelt, die immer populärer wird: Allein die Anlage des DAV in München-Thalkirchen wurde 2003 von 135 000 Besuchern genutzt. Für Anfänger sind Hallen ideal, um Seil- und Aufstiegstechnik zu erlernen. Risiken wie Steinschlag, Wetterkapriolen oder schlechte Sicherungen gibt es nicht. Fortgeschrittene profitieren von der Vielseitigkeit auf kleinem Raum: Alle erdenklichen Klettersituationen wie Überhänge, Routen mit winzigen Griffen oder kraftraubende Wege lassen sich nach Belieben trainieren – oder man kreiert seine Routen gleich selbst. GEO Special hat einige der schönsten Kletteranlagen ausgewählt.

Berg im Flachland

Das nächste Gebirge ist fern. Doch die Klettergemeinde aus Wilhelmshaven besteigt den **Monte Pinnow** in Sande (**www.dav-wilhelmshaven.de**). Der ehemalige Bunker ist 18 Meter hoch, sein Turm hat eine Neigung von 18 Grad. An den anspruchsvollen Routen an Innen- wie Außenwänden mit Namen wie „Hunger nach Schicksal" (Grad 9–/9) oder „Liebe und Triebe" (etwa 10–) ist extreme Fingerkraft gefragt.

Industrielandschaft

Nicht alle Zechen im Ruhrgebiet wurden stillgelegt. An den „natürlichen" Strukturen von Schloten und Bunkern eines ehemaligen **Stahlwerks** in Duisburg-Meiderich hat der örtliche Alpenverein (**www.dav-duisburg.de**) einen Klettergarten mit über 350 Routen eingerichtet. Im Leipziger **No Limit** klettert man in 16 Meter Höhe an einem riesigen Kranausleger. Mehr als 200 Routen von senkrecht bis waagerecht führen durch die rustikale Maschinenbauhalle (**www.kletterhalle-leipzig.de**).

Berge hinter Glas

„Nicht zu Hause und doch nicht an der frischen Luft." Alfred Polgars Definition des Kaffeehauses gilt auch für die Innsbrucker Kletteranlage **Tivoli** (**www.kletterzentrum-tivoli.at**). In der schönen Glaskonstruktion klettert man mit Rundblick auf die Bergkulisse an über 100 Routen.

Klettern mit Après-Climb

In gleich vier Hallen des alten **Gaswerks** im Zürcher Limmattal ist ein Kletterpark der Superlative entstanden: über 4000 Quadratmeter Kletterfläche, mehr als 250 Routen der Schwierigkeitsgrade 2 bis 11, bis 17 Meter hohe Wände, Boulder-Bereiche drinnen und draußen, Cafeteria, Shopping, Krafträume… (**www.kletterzentrum.com**).

Staudammklettern

Der Tiefblick ist beeindruckend. In die 165 Meter hohe **Luzzone-Staumauer** im Tessiner Val Blenio wurden über 650 Griffe und Haken für eine extreme Route eingebohrt: Sie beginnt im Schwierigkeitsgrad 5 und endet schließlich in einer überhängenden Seillänge im 7. Grad. Klettersaison ist von Mai bis Mitte Oktober. Den Schlüssel für die Einstiegsleiter erhält man im **Ristorante Luzzone** (**Tel. 0041-91/872 13 55**) oben am Staudamm.

Die Testsieger

Das **DAV-Kletterzentrum München-Thalkirchen** (**www.kletterzentrum-muenchen.de**) ermöglicht sogar Eisklettern: Der Pickel wird hier in eine Holzwand statt in einen gefrorenen Wasserfall geschlagen. Die Klettertechnik mit Eisgerät und Steigeisen am Holz ist ähnlich wie am echten Eis. Insgesamt gibt es auf 4450 Quadratmeter Kletterfläche rund 440 Indoor- und Outdoor-Kletterrouten mit Schwierigkeitsstufen zwischen 2 und 10+. Beim Test von 20 Kletterhallen durch die Stiftung Warentest im September 2004 wurde diese Anlage am besten bewertet, zusammen mit der Berliner Halle **Magic Mountain** (**www.magicmountain.de**).

Schräger Spaß: Kletterzentrum München-Thalkirchen

SPORTKLETTERN AN KUNSTWÄNDEN

Rund 340 künstliche Kletteranlagen gibt es allein in Deutschland (Übersicht auch für Österreich, die Schweiz und die Niederlande unter **www.climbing.de**). Benötigt werden Klettergurt, Kletterschuhe, Karabiner, Sicherungsgerät, Seil und Magnesiabeutel. In den meisten Hallen kann man die Ausrüstung auch leihen. Die sicherste Art des Kletterns wird als **Top-Rope** bezeichnet. Kletterer sind von oben angeseilt, ein Kletterpartner am Boden sichert das Seil. Fortgeschrittene klettern im **Vorstieg** und müssen das Seil selbst in Sicherungspunkte legen. **Bouldern** ist das Klettern ohne Sicherung, aber in Absprunghöhe. Matten dämpfen den Aufprall. Gut geeignet als Training und zum Aufwärmen.

Schwierigkeitsgrade bemessen sich nach den Anforderungen an die Maximalkraft, Ausdauer und Technik in der Route. Am häufigsten wird die Skala der UIAA (Union Internationale des Associations d'Alpinisme) verwendet. Ohne Übung schaffen Sportliche in einer Kletterhalle schon mal eine 3 oder 4. Mit mehr Übung kann man etwa den 6. Grad klettern. Für größere Schwierigkeiten ist regelmäßiges oder systematisches Training erforderlich. Als eine der schwierigsten Routen der Welt gilt „Action Directe" im Fränkischen Jura mit dem Grad 11, die erst fünfmal geklettert wurde.

HOHE PÄSSE MIT GRIFFIGEM PROFIL

Auf zwei Rädern lassen sich ausgedehnte Berglandschaften intensiv erfahren. Trainierte radeln sogar über den Himalaya – und auch die Alpen kann man mit Stollenreifen auf dynamische Weise queren

Über alle Berge: Mit 3123 Metern ist das Südtiroler Madritsch-Joch Gipfelpunkt des Transalp-Rennens

Klettern auf Rädern

Berge können schon zu Fuß extrem anstrengend sein. Auf dem Rad erlebt man sie beinhart. Das Wechselspiel von Ausdauer, Konzentration und Naturerlebnis macht den Reiz von Mountainbiking in den Hochgebirgen aus. Nicht überall sind Biker geduldet, und nicht jeder hält das Gebirgs-Radeln für einen umweltverträglichen Bergsport. Generell ist in Deutschlands Wäldern das Radfahren nur auf Wegen und Straßen gestattet, Einzelheiten regelt jedes Bundesland für sich. Auskunft über erlaubte Wege und Pfade gibt die **Deutsche Initiative Mountain Bike** (DIMB, Tel. 0611/710 27 58, www.dimb.de), die sich für eine breite Akzeptanz des Sports einsetzt.

Hohe, weite Welt

Extreme Mountainbike-Trips in unberührte Teile der Erde bietet der **DAV Summit Club** (München, Tel. 089/64 24 00, www.dav-summit-club.de). Eine Tour führt durch die **Kaukasustäler** um den 5642 Meter hohen Elbrus. Von den Teilnehmern wird Bereitschaft zur Höchstleistung erwartet für die bis zu 3232 Meter hohen Pässe. Aber es geht noch höher hinaus: Die Tour vom tibetischen **Lhasa** ins nepalesische **Kathmandu** streift die höchsten Berge der Erde und führt über 5000-Meter-Pässe zum Everest Base Camp. **Bike Adventure Tours** (Affoltern, Tel. 0041-1/761 37 65, www.bike-adventure-tours.ch) bietet 1000 Kilometer quer durchs Abenteuerland **Patagonien** auf Schotterpisten und Aschetrails. Konditionell sehr anspruchsvoll. Südlich von Marokkos höchstem Gipfel, dem 4165 Meter hohen Jebel Toubkal, beginnt die Reise mit **Alpstours** (Egliswil, Tel. in Deutschland 0700/25 77 86 87, www.alpstours.net). 1000 Höhenmeter und bis zu 70 Kilometer im kargen Bergland des **Anti-Atlas** sollten die Teilnehmer am Tag schaffen können.

Alpencross

In Europa sind die Alpen das Wunschziel vieler Bike-Abenteurer. Unzählige Möglichkeiten gibt es, das Gebirge mit dem Mountainbike zu überqueren. Die vielleicht härteste Variante: als Teilnehmer des **Adidas-Bike-Transalp-Challenge**, eines der anspruchsvollsten Mountainbike-Rennen der Welt. Ambitionierte Hobbysportler und Profis starten jedes Jahr im Juli in Mittenwald und erreichen nach 662 Kilometern und 22 455 Höhenmetern Riva del Garda in Italien. Anmeldungen für das Rennen 2005 sind möglich unter **Tel. 01805/77 17 40 oder www.transalpchallenge.com**. Wer die Wettkampfstrecke von 2004 **im eigenen Tempo** radeln will, findet die genauen GPS-Daten unter **www.bike-gps.com**. Überblick über andere mögliche Routen bieten vor allem Bücher zum Thema, etwa **Ulrich Stanciu: Traumtouren Transalp** (Delius Klasing, 2003, 48 €, mit interaktiver CD-Rom). Die **Saison** für eine Transalp ist kurz. Beste Bedingungen herrschen nur zwischen Anfang Juli und Mitte September. Und auch dann sollte die Wetterlage beim **Alpenwetterbericht** des Deutschen Alpenvereins nachgefragt werden: **Tel. 09001/29 50 70**. Gerade beim ersten Mal trauen sich viele die Planung einer Alpenüberquerung nicht zu.

Eine Auswahl von Veranstaltern, die organisierte Touren bieten: **Alpencross** (Einsiedeln, Tel. 0041-78/818 48 58, www.alpencross.ch), **Alpstours** (siehe oben), **Bike-Alpin** (Allersberg, Tel. 09176/54 78, www.bikealpin.de), **Jester-Tours** (Konstanz, Tel. 07531/792 79, www.jester-tours.com), **Serac Joe** (Marquartstein, Tel. 08641/36 36, www.seracjoe.de).

Routenplanung

Für eine Tour in den **bayrischen Alpen** sind die amtlichen **Topographischen Karten** wegen ihrer Detailgenauigkeit ideal. Sogar kleine Pfade und Waldwege werden im Maßstab 1:50 000 sichtbar. Schöne Insidertouren zum Nachfahren in den **italienischen Alpen** werden auf **www.mountainbiker.it** vorgestellt. Den **Schweizer Alpenraum** decken über 30 Singletrail-Karten ab, die mit Tourenvorschlägen und Hinweisen zur Schwierigkeit versehen sind: **www.singletrailmap.ch**. Viele Bikerouten für den **gesamten Alpenraum** finden sich in den **Kompass Wanderkarten** (**www.kompass.at**). Sie enthalten Vorschläge von der gemütlichen Radtour bis zum technisch schweren Downhill.

Mountainbikeparks

In Bikeparks kann man sich für die großen Herausforderungen wappnen. Neun Strecken für die unterschiedlichsten Wünsche sind im **Bikepark Geißkopf** im Bayerischen Wald angelegt, auch Anfänger werden hier nicht überfordert (**Tel. 09920/90 31 35, www.bikepark.net**). Geißkopf war Vorbild für den **Bikepark Winterberg** im Hochsauerland (**Tel. 02981/919 99 09, www.bikepark-winterberg.de**). An steileren Hängen liegt der **Mountainbikepark Todtnau** im Schwarzwald (**Tel. 0171/318 37 63, www.mtb-fun-park.de**). Rund um **Willingen** (**Tel. 05632/40 11 80, www.bike-willingen.de**) sind 160 Kilometer speziell für Mountainbiker ausgeschildert. Im ganzen **Sauerland** sind es 1400 Kilometer: **Tel. 02961/94 31 25, www.bike-arena.de**.

BERGMARATHONS

Extremsüchtige können sich auch auf Bergmarathons verlegen. Der **Swiss Alpine Marathon** in Davos ist nicht irgendein Lauf. Die ganz Ausdauernden starten zum K78 über den Scalettapass: 78,5 Kilometer Strecke, 21 Kilometer davon durch hochalpines Gelände, bis zum Ziel sind 2320 Höhenmeter zu bewältigen (www.swissalpine.ch).
Der **Traunsee-Bergmarathon** in Österreich (www.bergmarathon.at) führt auf die Gipfel rund um den See. Das bedeutet: 70 Kilometer Strecke und 4300 Meter Anstieg. Weniger hart – 50 Kilometer, 1690 Höhenmeter – ist der **Slowenische Alpen Marathon**. Gelaufen wird um den 2132 Meter hohen Storžič von Preddvor bis Jezersko (www.boltez.si).
Beim **Mont Blanc Marathon** in den französischen Alpen sind es noch ein paar Höhenmeter mehr: 2240 von Chamonix nach Plan Plaza. Der **Ultra-Trail**, ebenfalls in Chamonix, stellt fast unmenschliche Anforderungen. Die Teilnehmer haben für 155 Kilometer und 8100 Höhenmeter maximal 44 Stunden Zeit. Informationen zu beiden Läufen unter www.ski-montblanc.com/RunningMarathons.htm.
Höchster Marathon ist – natürlich – der seit 1987 ausgetragene **Everest Marathon** in Nepal. Etwa 70 Teilnehmer starten alle zwei Jahre auf 5184 Meter Höhe in der Nähe des Everest Base Camp (www.everestmarathon.org.uk).
Eine Übersicht über Langstreckenläufe weltweit finden Sie auf **www.runnersworld.com** und **www.runtheplanet.com**.

GESUNDHEIT

Die Höhenkrankheit kann ab etwa 2500 Höhenmetern auftreten. Die einzige Vorbeugung besteht in ausreichender Akklimatisierung. Für Reisen zum Kailash und nach Dolpo müssen deshalb jeweils vier Wochen einkalkuliert werden, für Mustang drei. Lapchi liegt unterhalb der kritischen Zone.

BÜCHER UND KARTEN

Victor Chan: Tibet Handbook – A Pilgrimage Guide Moon Publications, 1994. 1100-Seiten-Wälzer mit einigen Seiten über Lapchi. Restauflagen nur in Kathmandu erhältlich: im „Pilgrims Book House" (www.pilgrimsbooks.com) für rund 60 € oder im „New Tibet Book Store" für rund 48 €.

Keith Dowman: Geheimes, heiliges Tibet Lübbe, 2001, 8,45 €. Empfehlenswertes Sachbuch mit wichtigen Hintergrundinformationen zu Lapchi.

Patricia East u. a.: The Gauri Shankar Trekking Area including Rolwaling Eco Himal, 2003, 13 €. Kulturwanderführer mit den besten Karten und Informationen zu Land und Leuten. Zu bestellen über www.ecohimal.org.

Khumbu 1 : 125 000 Nepa Maps, Kathmandu, 12,68 €, bzw. National Geographic Adventure Map, 16,99 €. Beide Karten sind nahezu identisch, decken das Gebiet vom Everest über Rolwaling bis zur Überlandstraße ab und enthalten Lapchi in voller Größe, sind aber unvollständig.

Lapchi Kang 1 : 50 000 und **Rolwaling Himal 1 : 50 000**, Nepal-Kartenwerk der Arbeitsgem. für vergleichende Hochgebirgsforschung, je 8,90 €. Empfehlenswert für Trekkingtouren, Lapchi ist allerdings nur unvollständig abgebildet.

REISEVERANSTALTER

Lapchi ist (noch) nicht als Pauschalprogramm zu buchen. Am besten lassen Sie sich von Agenturen in Kathmandu eine Tour individuell und preiswert zusammenstellen (Auswahl):

Asian Trekking, Tel. 00977-1/442 69 47, Fax 441 18 78, www.asian-trekking.com

Adventure Karnali, Tel. 00977-1/442 86 89, Fax 444 06 59, www.adventurekarnali.com

Mila Adventure, Tel. 00977-1/449 21 43, Fax 447 90 83, www.milaadventure.com

Auch einige hiesige Anbieter können individuelle Touren nach Lapchi organisieren:

Insight Reisen, Zürich, Tel. 0041-1/280 62 62, Fax 280 62 64, www.insight-reisen.com

Neue Wege. Seminare & Reisen, Euskirchen, Tel. 02255/959 10, Fax 95 91 70, www.neuewege.com

Tibet Culture & Trekking Tour, Zürich, Tel. 0041-1/260 22 88, Fax 260 21 88, www.himalaya.ch

Trekkingtouren zum Kailash, nach Mustang und Dolpo kann man buchen bei (Auswahl):

Amical alpin, Bühlertal, Tel. 07223/91 17 86, Fax 91 17 87, www.amical.de

DAV Summit Club, München, Tel. 089/64 24 00, Fax 64 24 01 00, www.dav-summit-club.de

Die Bergspechte, Linz, Tel. 0043-732/779 31 10, Fax 77 93 11 11, www.bergspechte.at

Hauser exkursionen, München, Tel. 089/235 00 60, Fax 23 50 06 99, www.hauser-exkursionen.de

Ikarus Tours, Königstein, Tel. 06174/290 20 und 229 52, www.ikarus.com

TREKKING ZU DEN VERSTECKEN DES GLAUBENS

Noch immer gibt es im Himalaya Gebiete, die kaum ein Tourist betreten hat. Wie Lapchi in Nepal, das erst 2002 zugänglich wurde. In der Abgeschiedenheit karger Gipfel hat sich hier eine archaische Spiritualität bewahrt

Leere Landschaft für reine Lehre: das buddhistische Königreich Mustang vor dem Dhaulagiri-Massiv

Seit Jahrtausenden pilgern Menschen in den Himalaya und verehren die Gipfel als Wohnstätten der Götter. Die Ehrfurcht vor ihnen ist groß. Den Kailash darf bis heute niemand ersteigen. Andere Berge, andere Routen aber blieben nicht unberührt – im Gegenteil. Auf dem Mount Everest drängen sich heute an schönen Tagen über 80 Menschen auf dem Gipfel. Jenseits der bereits ausgetretenen Pfade soll dieser Reise-Service mit Zielen bekannt machen, die alle eines gemeinsam haben: Sie sind so abgelegen, dass die Organisation einer erfahrenen Agentur anvertraut werden sollte.

LAPCHI, NEPAL

An der Grenze zu Tibet gelegen, war Lapchi lange absolutes Sperrgebiet. Erst seit Anfang 2002 wird Touristen Zutritt gewährt. Es gibt noch immer keine vollständige Karte, keine Straßen, kaum Dörfer, keine Unterkünfte. Dafür aber eine zauberhafte, völlig unberührte Landschaft mit heiligen Bergen, spirituellen Kraftplätzen und Höhlen, in denen der berühmte tibetische Yogi Milarepa (1040–1123) nach Erleuchtung suchte.

Von zentraler Bedeutung für buddhistische Pilger ist das vor 200 Jahren erbaute Kloster **Chora Gepheling** im nördlichen Teil Lapchis, am Zusammenfluss von Lapchi Khola und Lapchikhung Khola. Es liegt in einer Region Nepals, die wie eine Nase nach Tibet hineinragt. Genauer: zwischen der einzigen Überlandstraße von Kathmandu nach Tibet und dem Gebirgszug Rolwaling Himal. Man erreicht das Kloster auf dem Pilgerpfad, der bei der größten Ortschaft des Gebiets, **Lamabagar**, beginnt und entlang dem Lapchi Khola nach Norden führt.

Wegen seiner besonderen Lage haben bisher nur wenige Ausländer das Kloster gesehen: Der obere Teil Lapchis gehörte bis 1962 zu Tibet, dann tauschten China und Nepal Gebiete. Nepal erhielt das Herz der Lapchi-Region mit dem Kloster, China zwei Grenzdörfer am Arun-Fluss. Für das Kloster erwies sich der Gebietstausch als Segen: Im Sperrgebiet auf nepalesischer Seite entging es den Zerstörungen der Kulturrevolution in Tibet und blieb erhalten.

Wem das Lapchi-Kloster zu entlegen ist, sollte ins **Rolwaling-Hochtal** trekken. Bislang sind nicht einmal ein paar hundert Touristen pro Jahr in der wilden, subtropisch bis alpinen Berglandschaft unterwegs. Der anstrengende Aufstieg beginnt südlich von Lamabagar in Chhetchhet. Bekanntester Berg im Rolwaling ist der **Gauri Shankar** (7146 m) auf der Grenze zu Tibet, der Hindus und Buddhisten gleichermaßen heilig ist. Sein mächtiger Doppelgipfel gilt als Sitz einer weiblichen und einer männlichen Hindu-Gottheit, deren Hochzeit die Bevölkerung am Fuß des Berges jedes Jahr bei Vollmond im Dezember/Januar mit dem Fest **Deolang Jatra** feiert.

Praktische Hinweise

Beste Trekking-Zeiten sind Frühjahr und Herbst. Für die Tour zum Lapchi-Kloster muss die **komplette Ausrüstung** (Zelte, Kochgeschirr, Verpflegung) für mehrere Wochen mitgeführt werden. Scheuen Sie sich nicht, **Träger** zu beschäftigen, Sie verschaffen den Einheimischen damit eine willkommene Einnahmequelle. Im Rolwaling-Tal gibt es in einigen Dörfern gutes Essen und manchmal ein einfaches Bett. In den kommenden Jahren werden – mit Unterstützung der österreichischen Gesellschaft für ökologische Zusammenarbeit **Eco Himal** – auch Lodges und Campingplätze entstehen. Zelt und eigene Verpflegung sind einstweilen auch hier empfohlen.

ANREISE: **Ab Kathmandu** entweder mit Bus oder Taxi auf der Überlandstraße Richtung Tibet bis Barhabise (75 km); von dort Trekking über den Tinsang-Pass (3320 m), das Nonnenkloster Bigu, Chilanka, Gongar Khola und Chhetchhet nach Lamabagar im südlichen Lapchi. Oder auf der Tibet-Straße bis Lamosangu, östlich weiter über Charikot nach Dolakha (120 km); dann entlang dem Fluss Tama (später Bhote, noch später Lapchi) über Singati, Jagat und Chhetchhet nach Lamabagar trekken.

Die **Tour ab Chhetchhet** ins Rolwaling-Hochtal führt über Simigaon, Beding und die Sommeralm Na. Erfahrene Bergsteiger können über den schwierigen Tashi-Lapsa-Pass (5755 m) weiter ins Everestgebiet trekken.

Sicherheit

Weite Teile des ländlichen Nepal werden zurzeit von **maoistischen Rebellen** kontrolliert. Diese verlangen von Trekking-Touristen oft eine „freiwillige Kriegsspende" von etwa 25 bis 35 € gegen Quittung, lassen dann aber in der Regel ungehindert passieren. Sie sollten die aktuelle Sicherheitslage auf jeden Fall beim Auswärtigen Amt erfragen.

MUSTANG UND DOLPO, NEPAL

Die Regionen im Hochgebirge Nord-Nepals galten für Ausländer lange Zeit als völlig unerreichbar. Erst zwischen 1988 und 1993 wurden sie langsam geöffnet – allerdings nur für organisierte Gruppen mit **Sondergenehmigung**. Die kostet für die ersten zehn Tage 700 US-Dollar pro Person, für jeden weiteren Tag 70 Dollar.

Das Fürstentum Mustang, das nördlich der Bergriesen Annapurna und Dhaulagiri an der tibetischen Grenze verborgen liegt, ist das Traumziel vieler Himalaya-Kenner. Kaum tausend Touristen pro Jahr kommen hierher. Das Licht auf dem wüstenhaften Hochplateau ist unglaublich. Sie werden den Eindruck haben, die Wolken vom Himmel pflücken zu können. Ausgangspunkt für die Tour nach Mustang und seine 3700 Meter hoch gelegene Hauptstadt **Lo Manthang** ist Jomsom (2730 m).

Dolpo ist nur über anstrengende Pässe von über 5000 Metern zu erreichen. Oft haben Reiseanbieter den Flug nach Juphal aus dem Programm genommen, weil sich dort Maoisten und Militär heftige Kämpfe lieferten. Bekannt wurde Dolpo durch das Buch „Auf der Spur des Schneeleoparden" von Peter Matthiessen. Zwei Amerikaner, der Autor und der Zoologe George Schaller, schlagen sich darin bis zum abgelegenen **Kloster Shey** durch. Um nicht zu viel zu verraten: Jede Mühe lohnt sich.

Höhepunkt ihres Lebens: tibetische Pilger am Kailash

KAILASH, TIBET

Die Schneepyramide des Kailash ist 6714 Meter hoch, für Himalaya-Verhältnisse bescheiden, aber sie ragt markant aus der tibetischen Hochebene. Für Millionen Hindus, Buddhisten, Jaina und Anhänger der Bön-Religion ist der Kailash – grob vereinfacht – der Mittelpunkt des Universums. Schon eine einzige **Umwanderung des Berges**, so heißt es, bringt die Katharsis: Wer die 53 Kilometer lange Stecke über den 5636 Meter hohen Dölma-Pass durchlitten hat, dem sind alle Sünden erlassen. 108 Umrundungen gelingen fast niemandem. Sie wären der Weg zu Erleuchtung und Erlösung, der Weg zum Nirwana. Es ist schwierig, den Berg überhaupt zu erreichen. Er liegt in Westtibet, in einem unwegsamen Gebiet. Von Lhasa sind es, je nach Route, weit über tausend Kilometer Piste bis zum „Nabel der Erde" – vier bis sieben Tage im Auto. **Darchen**, ein Ort mit ein paar hundert Einwohnern, 4560 Meter hoch gelegen, ist der traditionelle Ausgangspunkt für die rituelle Umwanderung. Eine Reise zum Kailash ist ein Höhepunkt im Leben. Nehmen Sie sich Zeit, buchen Sie auf keinen Fall eine Express-Reise.

REISEFÜHRER

Ralf Gantzhorn: Patagonien Bruckmann Trekking Guide, München 2004, 18,90 €. 15 Touren unterschiedlicher Schwierigkeitsgrade. Mit Ausrüstungstipps, Detailkarten und Etappencharakteristik.

Clem Lindenmayer, Nick Tapp: Trekking in the Patagonian Andes Lonely Planet, 3. Aufl. 2003, 18,50 €. Englischsprachiger Guide zu 31 Trekkingtouren in Chile und Argentinien, jeweils mit Karte und Planungshilfen.

Miguel A. Alonso: Trekking en Chaltén & Lago del Desierto Zagier & Urruty, Buenos Aires, 2. Aufl. 2004, mit CD und Karte, ca. 19,95 US$ (www.patagoniashop.net). Spanischer Wanderführer mit englischer Übersetzung der 15 Bergtouren.

Dirk Heckmann: Torres del Paine Circuito Outdoor-Handbuch Band 81, Conrad Stein Verlag, 2. Aufl. 2002, 12,90 €. Handlicher Wanderführer mit nützlichen Tipps.

LITERATUR

Reisende und Schriftsteller von Charles Darwin über William Henry Hudson bis zu Paul Theroux und Luis Sepúlveda beschrieben das Land und die Leute und machten Patagonien zum Mythos. Besonders der englische Fußgänger Bruce Chatwin konstruierte aus Begegnungen, Beobachtungen und Anekdoten eine faszinierende Kulisse seiner Reise.

Bruce Chatwin: In Patagonien – Reise in ein fernes Land Rowohlt Tb, 1990, 7,50 €.

Bruce Chatwin, Paul Theroux: Wiedersehen mit Patagonien Fischer Tb, 1995, 6,90 €.

Paul Theroux: Der alte Patagonien-Express dtv, 1997, 11 €.

Luis Sepúlveda: Mundo del Fin del Mundo Tusquets, Barcelona 1994, ca. 6,30 €; „Die Welt am Ende der Welt", Fischer Tb, 1992, vergriffen.

Charles Darwin: Reise um die Welt 1831 bis 1836 Edition Erdmann, 4. Aufl., Nachdruck 1993, 22 €.

William Henry Hudson: Idle Days in Patagonia El Calafate Editores, Buenos Aires 2000, vor Ort für 35 US$ erhältlich.

VERANSTALTER

In El Chaltén, dem „Chamonix Patagoniens", gibt es zwei Bergführerbüros, die regelmäßig geführte Touren in die Andenkordillere anbieten. Beide organisieren auch individuell angepasste Wanderungen:

Fitz Roy Expediciones, Alberto del Castillo, Lionel Terray 212, 9301 El Chaltén, Argentinien, Tel./Fax 0054-2962/ 49 30 17, www.fitzroyexpediciones.com.ar

Alta Montaña, Pablo Cottescu, Lionel Terray 501, 9301 El Chaltén, Argentinien, Tel./Fax 0054-2962/49 30 18

Auch von Deutschland aus lassen sich Trekking- und Bergtouren organisieren, etwa mit:

Akzente Reisen, Wunsiedel, Tel. 09232/99 66 33, Fax 99 66 44, www.akzente-tours.de

DAV Summit Club, siehe Seite 148

Hauser exkursionen, siehe Seite 148

Gebeco, Kiel, Tel. 0431/544 60, Fax 544 61 11, www.gebeco.de

Geo-Tours, Hamburg, Tel. 040/491 98 32, Fax 490 32 27, www.geo-tours.de

Wo sich die Imagination himmelweit öffnen kann: patagonische Landschaft bei Bajo Caracoles

TRAUMPFADE AM ENDE DER WELT

Gletscher winden sich aus Granitklüften herab, Urwälder wuchern in den Tälern, und über die Gipfel weht unablässig der Wind. Patagonien ist ein Land der Extreme – und ein Sehnsuchtsziel für Bergsteiger

Die Geographie

Patagonien entzieht sich einer exakten geographischen wie politischen Definition. Auf **chilenischer Seite** gliedert sich die Landmasse in Andenkordillere, Küstengebirge und das dazwischen liegende chilenische Längstal. Je weiter man nach Süden vordringt, desto mehr löst Patagonien sich auf in einem Gewirr aus Fjorden und Kanälen, Inseln und Halbinseln, rund **300 000 Quadratkilometer** groß, von Urwäldern bewachsen, undurchdringlich, feucht. Südlich des 46. Breitengrades sind die zentralen Bereiche der Andenkordillere von einem dicken Eispanzer bedeckt: dem nördlichen und südlichen **patagonischen Inlandeis**.

Östlich der Anden liegt das **argentinische Patagonien**. Im Süden wird es begrenzt von der Magellanstraße, im Osten vom Atlantischen Ozean. Im Norden gilt der Río Colorado als natürlicher Grenzverlauf. Ostpatagonien erstreckt sich auf rund **766 000 Quadratkilometern** als steppenartiges Tafelland zwischen Andenkordillere und Atlantik. Auf den menschenleeren Trockenflächen grasen etwa 15 Millionen Schafe.

Das Klima

Die gerade 200 Kilometer breite **Andenkordillere**, die die chilenische Fjordlandschaft von der argentinischen Steppe trennt, bildet eine der **extremsten Klimabarrieren** weltweit. Über dem Pazifik mit Feuchtigkeit angereicherte Luftmassen werden von den vorherrschenden Westwinden gegen die Dreitausender dieser Gebirgskette getrieben. Von den Bergen zum Aufsteigen gezwungen, kühlt die Luft ab, die Feuchtigkeit kondensiert: An der Westseite der Anden und auf dem patagonischen Inlandeis **regnet oder schneit** es an etwa **300 Tagen** eines Jahres. Die Jahressummen des Niederschlags betragen zwischen 2000 und 8000 Millimeter (entspricht 2000 bis 8000 Liter pro Quadratmeter). Diese Stauniederschläge ziehen sich noch etliche Kilometer auf die Leeseite hinüber, allerdings mit rasch abnehmender Intensität. Die östlichen Vorberge der Andenkette sind bereits zu trocken, um bewaldet zu sein. In der argentinischen Trockensteppe regnet es so gut wie nie.

In den **Bergen** der weit **im Süden** gelegenen Nationalparks Torres del Paine und Los Glaciares sind die Schönwettertage an den Fingern einer Hand abzuzählen. Die Gipfel können tagebis wochenlang in Wolken gehüllt sein. Von **orkanartigen Winden** gejagt, wechseln sich Schneeschauer und kurze sonnige Abschnitte in rascher Folge ab. An der Leeseite des Gebirges weht während dieser Wetterperioden oft ein föhnartiger Fallwind. Am Fuß der Berge ist es dann meist trocken und angenehm warm.

Die schönsten Ziele

So harsch das Klima ist, so schön sind die Bergregionen Patagoniens. Das **chilenische Seengebiet** zwischen Temuco und Puerto Montt wird von den **Vulkanen** Villarica (2840 m), Lanín (3776 m), Puyehue (2236 m) und Osorno (2660 m) dominiert: Sie bilden technisch relativ einfache, aufgrund der Wetterbedingungen aber durchaus anspruchsvolle Ziele. Am nördlichen patagonischen Inlandeis erheben sich mit **Cerro Castillo** (2675 m), **Cerro San Valentín** (4058 m) und **Cerro San Lorenzo** (3706 m) drei außerordentlich schöne, einsame und schwierige Berge über dem Tiefland. Die unbestrittenen Könige der patagonischen Steppe aber thronen über dem Dörfchen El Chaltén im Parque Nacional Los Glaciares: **Fitz Roy** (3375 m) und **Cerro Torre** (3128 m), schwindelerregende Granitobelisken, die Bergsteiger zugleich anzuziehen und einzuschüchtern scheinen. Bis heute lassen sich die Begehungen mancher Routen an einer Hand abzählen (siehe Seite 94). Man muss aber nicht selbst Hand an die Felsen legen, um den schaurig-schönen Reiz zu spüren, der von diesen Bergen ausgeht: Das **fünftägige Trekking**, das zu den Basislagern an ihrem Fuße, zum Rand der Gletscher, zu wunderschönen Seen und Aussichtspunkten führt, bietet konditionsstarken Wanderern ein unvergessliches Erlebnis. Wer es alpiner haben will, kann Fitz Roy und Cerro Torre auf dem patagonischen Inlandeis umrunden: Die **Vuelta**, die je nach Witterungsbedingungen zwischen vier und acht Tagen dauert, erfordert jedoch bereits ein großes Maß an alpiner Erfahrung.
Ein ebenso lohnendes Ziel bietet der **Parque Nacional Torres del Paine**, der noch weiter im Süden liegt. 130 Kilometer und sieben bis zehn Tage lang ist der Weg, der an senkrechten Felsnadeln, riesigen Gletscherzungen, Regenwäldern und türkisgrünen Seen vorbei durch eine bizarre Landschaft führt. Der **Circuito Torres del Paine** leitet auf guten Wegen durch den Nationalpark. Technische Schwierigkeiten oder Orientierungsprobleme gibt es kaum. Da Wanderer ihre Essenvorräte, Kocher, Schlafsäcke und Zelte selbst tragen müssen, darf die Runde aber nicht unterschätzt werden.

Die beste Reisezeit

Die Zeit **zwischen Dezember und März**, also der südliche Sommer, gilt als beste Reisezeit in Patagonien. Freilich gibt es aufgrund der rund 1500 Kilometer Längenausdehnung unterschiedliche klimatische Zonen in Patagonien. So ist es im chilenischen Seengebiet generell milder als in den Bergen des Südens. Im patagonischen Frühling zwischen Oktober und Dezember lässt sich die erwachende Schönheit der Natur genießen. Trekkingtouren am Fuß der Berge sind in dieser Jahreszeit bereits möglich, für höhere Lagen benötigt man Ski oder Schneeschuhe. Januar und Februar sind in Chile und Argentinien Ferienmonate. Vor allem um Weihnachten und Silvester sind viele Touristen unterwegs. In den touristischen Zentren können die Unterkünfte durchaus ausgebucht sein. Oft weht in dieser Zeit ein kräftiger Wind. **Zwischen März und Mai** nehmen die südlichen Buchenwälder eine wunderschöne Färbung an. Da die Luft meist klar ist, eignet sich diese Zeit hervorragend zum Wandern.

Regenwald in Chiles Nationalpark Conguillío

In den Monaten **zwischen Juni und September** ist Patagonien noch einsamer als sonst. Abenteurern bietet sich dann ein weites Spielfeld – allerdings muss im Süden mit sehr niedrigen Temperaturen und starken Schneefällen gerechnet werden. Die Tage sind sehr kurz, dafür weht der Wind generell weniger stark als im Sommer.

Praktische Hinweise

Für Reisen im chilenischen Teil Patagoniens ist Santiago de Chile die erste Station, für den argentinischen ist es Buenos Aires. Beide Städte werden von den nationalen Fluggesellschaften LAN Chile und Aerolíneas Argentinas sowie einigen europäischen Linien bedient. Besonders in der Hauptreisezeit um Weihnachten sollte man früh buchen. Die **Fortbewegung** ist in beiden Ländern unproblematisch. Die nationalen Airlines fliegen alle größeren Städte in Patagonien an. Meistens ist es günstiger, diese Flüge bereits von Deutschland aus zu buchen. Kleinere Orte und die Ausgangspunkte zu Trekking- oder Bergtouren lassen sich mit Bussen erreichen.
In Patagonien gibt es von exklusiven Luxushotels bis zu Campingplätzen **Unterkünfte aller Art**. Wer sich in den Bergen bewegen will, muss ein Zelt sowie entsprechende Ausrüstung und Bekleidung dabeihaben. In größeren Städten und in den touristischen Zentren gibt es gute Einkaufsmöglichkeiten. Bezahlt wird mit chilenischen bzw. argentinischen **Pesos**. Es empfiehlt sich, das benötigte Geld in US-Dollar mitzunehmen. In größeren Restaurants, Supermärkten und Hotels werden **Kreditkarten** akzeptiert.

WEISSE WILDNIS AM POLARKREIS

Eisige Gipfel, endlose Tundra: Der nördlichste und größte Bundesstaat der USA bietet unberührte Berglandschaft – und ist zudem fast menschenleer. Beste Voraussetzungen, um auf einsamen Trails die Natur zu erwandern

Der Grotto-Gletscher im Wrangell-St. Elias Park schiebt sich von Alaskas Höhen in den Pazifik

INFORMATIONEN

Alaska Travel Industry Association, c/o ESTM E. Sommer Tourismus Marketing, Postfach 1425, 61284 Bad Homburg, Tel. 06172/ 92 16 01, Fax 92 16 05, www.travelalaska.com, E-Mail: estm@compu serve.com

Denali National Park & Preserve, P. O. Box 9, Denali Park, AK 99755, Tel. 001-907/683 22 94, www.nps.gov/dena/ index.htm

Wrangell-St. Elias National Park & Preserve, 106.8 Richardson Highway, P. O. Box 439, Copper Center, AK 99573, Tel. 001-907/822 52 34, www.nps.gov/wrst/ home.htm

IM INTERNET

www.alaska-info.de Informatives deutschsprachiges Portal

www.state.ak.us Offizielle Website des Staates mit vielen Daten und Fakten

www.dnr.state.ak.us/ parks Übersicht über Alaskas State Parks

LEKTÜRE-TIPP

Jim DuFresne: Hiking in Alaska, Lonely Planet, 2. Aufl. 2001, 17,95 €. Detaillierte Beschreibung von Tageswanderungen und mehrwöchigen Trekkingtouren in allen Landesteilen.

Die Aleuten-Ureinwohner gaben ihm den Namen Alyeska, „großes Land": 1,7 Millionen Quadratkilometer, fast fünfmal so groß wie Deutschland, misst der US-Bundesstaat im äußersten Nordwesten des Kontinents zwischen dem kanadischen Yukon-Territorium, dem Pazifik, dem Beringmeer und der Beaufortsee. Davon liegt ein Drittel nördlich des Polarkreises. Nur knapp 650 000 Einwohner teilen sich die Einsamkeit; davon sind rund 100 000 Ureinwohner: Inuit und Indianer.

Naturschutzgebiete

Wandern und Bergsteigen spielen für den Tourismus in Alaska eine wichtige Rolle. Eine knappe Million Menschen besucht jährlich die Naturwunder des Landes. Die meisten kommen während des kurzen Sommers von Mitte Juni bis Ende August. Im Binnenland kann es dann bis 30 Grad Celsius heiß werden, während im Winter die Temperaturen auf minus 40 Grad sinken.

In Alaska ragen 17 der 20 höchsten Berge der USA in den Himmel, fünf Prozent des Landes sind von Gletschern bedeckt – mehr als die Fläche Irlands. Ein Achtel der Fläche Alaskas sind Nationalparks. Wer hier wandern oder bergsteigen will, muss lernen, mit dem Kompass umzugehen. Viele der Schutzgebiete sind nur mit dem Flugzeug zu erreichen. Doch zu einigen bergsteigerischen Attraktionen führen auch Highways und Schotterpisten.

Denali National Park

In die Alaska Range zum Beispiel, 1000 Kilometer weit und damit fast alpenlang. Ihr höchster Berg ist der Mount McKinley, den die Athabascan-Indianer Denali nennen, „der Hohe". Ein treffender Name für den vereisten Granitriesen, mit 6194 Metern der höchste Gipfel Nordamerikas. Für manche ist er gar der höchste Berg der Erde, denn seine Nordflanke ragt aus der Umgebung fast 5000 Meter auf – eine derartige Höhendifferenz gibt es nicht einmal am Mount Everest. Eine Herausforderung selbst für Bergsteiger, die Extreme gewohnt sind. Der Ruf des Mount McKinley, „kältester Berg der Erde" zu sein, zieht Kletterer eher an, als dass er sie abschreckt. Der Berg wird pro Jahr von rund tausend Aspiranten umworben, die den Spuren der Erstbegeher von 1913 folgen wollen. Doch nur die Hälfte von ihnen erreicht den Gipfel. Und den wenigsten ist es vergönnt, den Fernblick von seiner Kuppe zu erleben, denn zwei Drittel des Jahres ist der Riese unter Wolken verborgen. Anlaufstelle für Bergsteiger ist die Ranger Station in Talkeetna am George Park Highway. Eine Vorabregistrierung 60 Tage vor dem Aufstieg zum Mount McKinley und eine Gebühr von 200 US-Dollar werden hier verlangt. Wer nicht so hoch hinauswill, kann im Denali National Park lohnende Tageswanderungen unternehmen und mit nicht geringer Wahrscheinlichkeit Grizzlybären, Dallschafe, Karibus oder sogar Wölfe sehen. Durch den Park führt nur eine einzige unbefestigte Straße, die für Privatwagen ab Savage River gesperrt ist. Weiter in die Wildnis, etwa zum Eielson-Besucherzentrum oder zum Wonder Lake, kommen Sie mit Shuttlebussen. Reservierung empfohlen. Für längere Touren ins „Backcountry" ist ein Permit erforderlich: Das Gebiet um den Mount McKinley ist in 43 Sektoren eingeteilt, für die jeweils nur zwei bis drei Wanderer pro Tag eine Zugangsberechtigung erhalten.

Ziele in Süd-Alaska

Neben der Alaska Range versprechen weitere große Gebirgszüge Naturerlebnis pur. Der Resurrection Trail führt in drei bis fünf Tagen vom alten Goldgräberörtchen Hope quer durch die Berge der Kenai-Halbinsel. Auch innerhalb der Grenzen des Wrangell-St. Elias National Park verlaufen interessante Trails über drei mächtige Bergketten: die vulkanischen Wrangell Mountains mit dem Mount Wrangell (4317 m), der immer noch aktiv ist, und dem Mount Blackburn (4996 m); die St.-Elias-Kette mit bis zu 5500 Meter hohen Eisgipfeln; und die vergletscherten Chugach Mountains am Golf von Alaska. Der wohl schönste ist der Old Iditarod Trail quer über die Chugach Mountains von Eagle River nach Girdwood, dem auch das berühmte 1100-Meilen-Hundeschlittenrennen von Anchorage nach Nome folgt.

ADRESSEN

KILIMANDSCHARO: Kibo Hotel, P. O. Box 102, Marangu, Tel./Fax 00255-27/275 13 08, www.africatravelresource.com
Infos im Internet: www.habari.co.tz/tanapa/kilpakg.html, www.tanzaniaparks.com, www.tanzania-web.com

MOUNT KENYA: Alliance Naro Moru River Lodge, P. O. Box 18, Naro Moru, Tel. 00254-62/620 23, Fax 622 11, E-Mail: mt.kenya@africaonline.co.ke, www.alliancehotels.com/naromoru.html
Mountain Rock Hotel, P.O. Box 333, Nanyuki, Tel. 00254-62/620 99, E-Mail: info@mountainrockkenya.com, www.mountainrockkenya.com
Infos im Internet: www.mountkenya.org, www.mck.or.ke (Mountain Club of Kenya)

RUWENZORI: Rwenzori Mountaineering Services, P.O. Box 933, Kasese, Tel. 00256-483/449 36, E-Mail: rwenzorims@yahoo.co.uk, www.traveluganda.co.ug/rwenzorimountaineeringservices
Uganda Wildlife Authority, P.O. Box 3530, Kampala, Tel. 00256-41/34 62 87, E-Mail: uwa@uwa.or.ug, www.uwa.or.ug

SEMIENGEBIRGE: Ethiofauna Safaris, P.O. Box 11988, Addis Abeba, Tel. 00251-1/50 53 01 und 51 60 80, Fax 50 53 02, E-Mail: ethfauna@hotmail.com. Erfahrene Agentur in der Planung von individuellen Touren in jeden Landesteil. Der Fahrer/Guide Brook Kassa spricht gut englisch und ist sehr kompetent.
Experience Ethiopia Travel, P.O. Box 9354, Addis Abeba, Tel. 00251-1/15 23 36, Fax 51 99 82, E-Mail: eet@telecom.net.et, www.telecom.net.et/~eet/
Hess Travel Ethiopia, P.O. Box 17596, Addis Abeba, Tel. 00251-1/51 58 20, Fax 51 26 75, E-Mail: hesstravel@telecom.net.et
Infos im Internet: www.tourismethiopia.org

LEKTÜRE-TIPP

Reinhard Dippelreither: Outdoor-Handbuch Tansania: Kilimanjaro, Conrad Stein Verlag, 4. Aufl. 2003, 12,90 €. Vom selben Autor wird im Sommer 2005 der Trekkingführer „Uganda: Ruwenzori" erscheinen.
Trekking in East Africa, Lonely Planet, 3. Aufl. 2003, 21,50 €.

VERANSTALTER

DAV Summit Club, siehe Seite 148
AlpinSchule Innsbruck, Tel. 0043-512/54 60 00, Fax 54 60 01, www.asi.at
Hauser exkursionen, siehe Seite 148
Kobler & Partner, Bern, Tel. 0041-31/381 23 33, Fax 381 23 34, www.kobler-partner.ch
Afrika Reisen Exklusiv, Bad Honnef, Tel. 02224/90 03 63, Fax 90 03 64, www.afrika-reisen-exklusiv.com
Die Bergspechte, siehe Seite 148
Chamäleon Reisen, Berlin, Tel. 030/347 99 60, Fax 34 79 96 11, www.chamaeleonreisen.de
Diamir Erlebnisreisen, Dresden, Tel. 0351/202 54 44, Fax 202 55 56, www.diamir.de
Geo-Tours, siehe Seite 150
Trails Natur- und Erlebnisreisen, Kempten, Tel. 0831/153 59, Fax 128 54, www.trails-reisen.de

Schritt für Schritt zum Gipfel: Dünne Luft bremst die Wanderer auf der Kilimandscharo-Hochebene

GEWALTMARSCH ZUM VULKAN

Afrikas mächtigste Erhebungen mit ihrer tropischen Vegetation lassen sich auch von Nichtbergsteigern scheinbar leicht erklimmen. Doch Gipfelhöhen bis knapp 6000 Meter machen aus dem Anstieg immer noch ein Abenteuer

In den Bergen Ostafrikas staffeln sich die verschiedensten **Klimazonen** auf engstem Raum: Auf Trockensavannen folgt Bergregenwald, dann afroalpine Gipfelvegetation mit kargen Steppenflächen, auf denen Gruppen palmenartiger Riesenlobelien verstreut sind. Dass die Berge hier so üppig bewachsen sind, beruht auf ihrer Lage nah am Äquator und auf ihrem meist vulkanischen Ursprung, der vielen Hängen eine vergleichsweise sanfte Kegelform gab.
Die liebliche Landschaft verleitet viele Wanderer dazu, Afrikas höchste Gipfel zu unterschätzen. Gute Gesundheit, überdurchschnittliche Kondition und Höhenverträglichkeit sind **Grundvoraussetzungen für eine Wanderung**. Viele Bergsteiger verkennen vor allem die Gefahr der Höhenkrankheit, die am Kilimandscharo jedes Jahr rund 40 Prozent der Wanderer zum Umkehren zwingt – und immer wieder einige weniger Vorsichtige tötet.

Kilimandscharo

Seit der Eröffnung des Nationalparks 1977 haben etwa eine Viertelmillion Touristen den höchsten Berg Afrikas besucht. Seine eigentliche Spitze ist der **Uhuru Peak** (5895 m) auf dem Kibo, einem der Hauptgipfel des Kilimandscharo-Massivs. Sechs Routen führen hinauf. Rund 80 Prozent der Bergtouristen versuchen, den Uhuru Peak von Südosten auf dem **Marangu Trail** zu ersteigen, der viel unberührte Natur und atemraubende Fernblicke bietet. Der Pfad hat maximal 16 Prozent Steigung, auch der Anstieg zum Gipfel ist erträglich. Am Ende jeder Etappe kann man in einer Hütte übernachten, hier gibt es auch Toilettenanlagen und Duschen. Als schönere Routen gelten der steile **Machame Trail** und der noch schwierigere **Umbwe Trail**, die sich im Südwesten des Berges nach oben winden, sowie der elegante **Shira/Lemosho Trail**, der im Westen vom Shira-Plateau ansteigt, vorbei an den letzten Zacken, Spitzen und Nadeln des Shira-Kraters. Alle drei Trails führen zum Barranco Camp (3950 m); von hier können konditionsstarke Wanderer über den nicht ungefährlichen Western-Breach-Steilabfall zum Uhuru Peak weitersteigen. Eine weniger anspruchsvolle Variante führt durch die oft grau-neblige, steinerne Mondlandschaft des Southern Summit Circuit (4000–4500 m) ostwärts.
Nicht so eindrucksvoll ist der stark erodierte **Rongai Trail** im Nordosten: Der Bergregenwald wurde größtenteils von Pinienplantagen verdrängt.
Ab der Kibo-Hütte (4700 m) erfolgt der Gipfelanstieg über den Marangu Trail, ebenso der gesamte Abstieg.

Die Nationalparkverwaltung schreibt **Mindest-Wanderzeiten** vor: für Marangu und Rongai Trail fünf Tage (demnächst sechs), für alle anderen Wege sechs Tage. Übernachtung in **Zelt-Camps** (außer Marangu Trail). **Beste Reisezeit:** Mitte Juni bis Mitte September, Ende Dezember bis Ende Februar.
Wer die Kilimandscharo-Besteigung nicht über einen deutschen **Veranstalter** bucht, sollte so früh wie möglich, am besten schon von zu Hause aus, mit der Organisation ein tansanisches Reisebüro beauftragen, das die **Permits** besorgt und die vorgeschriebenen **Guides** anstellt (Info-Adressen finden Sie auf Seite 154).
Rund 300 Tour-Veranstalter gibt es in den Städtchen **Arusha** und **Moshi** am Fuße des Vulkans, bei der Auswahl sollte nicht übereilt und auch nicht geknausert werden – wer deutlich unter 100 US-Dollar pro Tag verlangt, kann nicht zufriedenstellend arbeiten! Eine alternative Basis zur Vorbereitung des Anstieges ist das 1800 Meter hoch gelegene Dorf **Marangu**. Hier bieten Hotels nicht eben billige, aber gut geführte Touren an – empfehlenswert das traditionsreiche **Kibo Hotel**. Im Gegensatz zu Arusha und Moshi herrscht in Marangu eine ruhigere Atmosphäre und ein angenehmes, nicht zu heißes Klima.

Autoren des Reise-Service
Tom Dauer, Reinhard Dippelreither, Meike Kirsch, Manuel Nitsche, Barbara Schaefer, Samiha Shafy, Ludmilla Tüting, Michael Vogeley

Mount Kenya

Wer Afrikas zweithöchsten Gipfel bezwingen will, benötigt alpine Ausrüstung und Erfahrung. Dennoch gibt es von der Nationalparkverwaltung keine Vorgaben zur Organisation des Anstieges – außer der, dass man mindestens zu zweit unterwegs sein muss. Zur Parkgrenze gelangt man bequem mit dem Auto.
Die drei Hauptrouten – **Naro Moru** im Westen, **Chogoria** im Osten und **Sirimon** im Norden – führen durch Moor- und Heideland, danach durch Stein- und Eiswüste. Alle drei Pfade weisen nur wenige schwierige Passagen auf. Sie münden in einen Gipfelrundweg, an dem auch der höchste von Wanderern erreichbare Punkt liegt, der **Point Lenana** (4985 m). Zu den beiden höchsten Gipfeln, **Batian Peak** (5199 m) und **Nelion** (5188 m), gelangen nur Kletterer.
Die drei Trails können bei einer Überquerung des Berges miteinander verbunden werden. Für eine solche Tour sollte man sich unbedingt **vier bis fünf Tage** Zeit lassen, um durch genügende Akklimatisation die Höhenkrankheit zu vermeiden. **Beste Reisezeit:** Januar bis Anfang März und Juli bis Oktober. Als Ausgangspunkt für die individuelle Organisation (Transport, Führer, Träger) eignen sich Hotels in Naro Moru, Chogoria oder Nanyuki, den Ausgangsorten der Trails; empfehlenswert: **Naro Moru River Lodge** und **Mountain Rock Lodge** am Hang des Mount Kenya.

Ruwenzori

Das aus sechs teilweise vergletscherten Massiven bestehende

Schnee in den Tropen: Auf dem Weg zum Mount Kenya

Faltengebirge trägt den dritthöchsten Gipfel Afrikas: **Margherita Peak** (5109 m), erreichbar nur mit Steigeisen. Der zentrale **Mount Baker** (4843 m) lässt sich auf dem **Bujuku-Mubuku Circuit** auf schwierigen Pfaden in Höhen zwischen 3000 und 4000 Metern umrunden, höchster ohne Steigeisen erreichbarer Punkt ist der knapp 4400 Meter hohe **Scott-Elliot-Pass**. Für geübte Wanderer dauert die Tour mindestens **sieben Tage**, neun Tage mit Besteigung des Gipfels. Der Weg ist sehr anstrengend, für die Mühen entlohnt aber die überwältigende Vegetation der „Mondberge", die von heftigen Regenfällen genährt wird.
Beste Reisezeit: Januar/Februar und Juli/August. Individualreisende regeln am besten in Kasese (West-Uganda) mit dem **Rwenzori Mountaineering Service** die Details der Wanderung oder wenden sich direkt an die **Uganda Wildlife Authority** in Kampala; vorgeschrieben ist nur die Anstellung eines Führers.

Semiengebirge

Höchster Punkt des vulkanischen, schluchtenreichen Gebirges im Nordwesten Äthiopiens ist der **Ras Dashen** (4620 m), der vierthöchste Berg Afrikas (lesen Sie dazu auch „Die Gipfel der Entbehrung", Seite 72). Die Annährung an den Gipfel ist vergleichsweise einfach, da einige Etappen auf Maultieren geritten werden können.
Die Felsformationen sind spektakulär, die Natur des Parks ist aber stark beeinträchtigt und nur in unwegsamen Seitentälern noch einigermaßen erhalten. Mit Sicherheit bekommen Bergwanderer die endemischen **Gelada-Paviane** zu sehen, deren Zahl sich wie die der Menschen rapide vermehrt hat; nur mit viel Glück sichten sie einen der seltenen äthiopischen **Walia-Steinböcke**.
Ausgangspunkt für Trekkingtouren ist **Debark** (2840 m), 100 Kilometer nördlich von Gondar gelegen. In Debark werden mit der Nationalparkverwaltung die Details ausgehandelt: Ein Führer ist obligatorisch, die Anmietung von Tragtieren und deren Treibern empfehlenswert. Man kann die Organisation auch Tour-Veranstaltern in Addis Abeba überlassen.
Die Strecke Debark–Ras Dashen und zurück lässt sich in **fünf bis sechs Tagen** bewältigen. Schöner als die Standardroute ist der Weg durch abgelegene Teile des Parks. Dies ist erlaubt, aber für eine individuelle Wanderung ist viel Verhandlungsgeschick mit den Scouts und den Treibern erforderlich.
Beste Reisezeit: Oktober bis Dezember sowie April/Mai. Die trotz aller Schlichtheit akzeptabelste Unterkunft ist das Simien Park Hotel in Debark.

GEO Weltkarte

Aus digitalen Höhendaten wurde diese Karte erstellt. Die Route (rot) zu den höchsten Bergen und tiefsten Seegräben ist unten als Schnittdiagramm dargestellt.

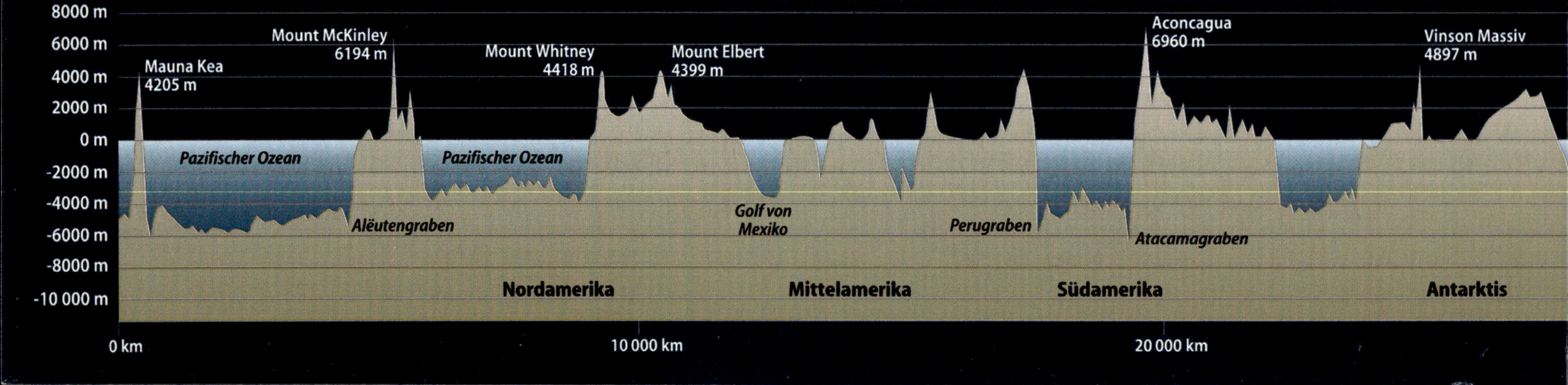

Nordmeer
Spitzbergen
Nowaja Semlja
Karasee
Barentssee
Murmansk
Laptewsee
Ostsibirische See
Norilsk
1701 m
Mittelsibirisches Bergland
Werchojansker Geb.
2389 m
Jakutsk
nördlicher Polarkreis
Pobeda 3147 m
Magadan
Skandinavien
Helsinki
Oslo
Norodnaja Gora 1894m
Ural
Westsibirisches Tiefland
Ob
Jenissei
Lena
Sibirien
Ost-see
Wolga
Moskau
Nowosibirsk
Irkutsk
Baikalsee
Ochotskisches Meer
Kamtschatka
Berlin
EUROPA
Irtysch
4506 m
Altai
Montblanc 4807 m
Alpen
Elbrus 5642 m
Aralsee
ASIEN
Mandschurei
Wladiwostok
Hokkaido
Nordwest-pazifisches Becken
Monte Cinto 2706 m
Schwarzes Meer
Kaukasus
Kaspisches Meer
7439 m
Tien Shan
Tarim-becken
Gobi
Beijing
Honshu
Tokio
Athen
Ankara
Mittelmeer
Algier
Teheran
K2 8611 m
Hindukusch
Kunlun Shan
Hochland von Tibet
Lanzhou
Seoul
Japangraben
PAZIFISCHER
Mesopotamien
Bagdad
Kabul
Himalaya
Shanghai
Ostchinesisches Meer
Kairo
Sahara
Arabien
Neu-Delhi
Mount Everest 8848 m
-10560 m
Becken
Riad
Karachi
Kunming
Taiwan
nördlicher Wendekreis
Ahaggar 3003 m
Nil
Rotes Meer
Kalkutta
Hongkong
Tibesti 3415m
Bombay
Hanoi
Philippinen-becken
Marianen
Marianengraben
Tschad-becken
3760 m
Golf von Aden
Arabisches Meer
Golf von Bengalen
Rangun
Luzon
Manila
Mikronesien
4620 m
Aden
Madras
Bangkok
Niger
AFRIKA
Hochland von Äthiopien
Malediven
Sri Lanka
Südchinesisches Meer
Witjas-Tief -11034 m
Lagos
Mindanao
Golf von Guinea
Kongo
Zentralafrikan. Schwelle
5109 m
Singapur
Kalimantan
OZEAN
Äquator
Kongo-becken
Kilimandscharo 5895 m
Victoriasee
Sumatra
Melanesien
Kinshasa
Mombasa
Seychellen
INDISCHER
Sulawesi
-7530 m
Carstensz Peak 5030 m
Java
8775 m
Neuguinea
Sundagraben
-7260 m
Timor
Angola-becken
Straße von Mosambik
-6258 m
Arabisch-Indischer Rücken
Bengalischer Rücken
2609 m
2886 m
Korallensee
Fiji-Inseln
Walfischrücken
Madagaskar
Kalahari-becken
Windhuk
Namib
Maskarenen
-7182 m
südlicher Wendekreis
AUSTRALIEN
Johannesburg
3482 m
Perth
30°
Kapstadt
Kap der Guten Hoffnung
Kapbecken
-6913 m
OZEAN
Sydney
2228 m
Auckland
Südindisches Becken
Melbourne
Tasmansee
Tasman Becken
Südaustralisches Becken
Tasmanien
Neuseeland
3754 m
-6501 m
Atlantisch-Indischer Rücken
Indisch-Antarktischer Rücken
Kerguelen
-5499 m
-6306 m
Indisch-Antarktisches Becken
60°
Indisches Südpolarbecken
südlicher Polarkreis
Königin-Maud-Land
Wilkesland
ANTARKTIS
Rossmeer
Robinson Projektion
Maßstab am Äquator 1 : 80.000.000
0° Ost
30°
60°
90°
120°
160°
180°
Kilimandscharo 5895 m
Montblanc 4807 m
Monte Cinto 2706 m
Elbrus 5642 m
Mount Everest 8848 m
Carstensz Peak 5030 m
Atlantischer Ozean
Pazifischer Ozean
Schwarzes Meer
Mittelmeer
Mittelatlantischer Rücken
Afrika
Europa
Asien
Witjas-Tief -11 034 m
30 000 km
40 000 km
50 000 km
57 447 km

Leserbriefe

INDIEN-SPECIAL (OKT./2004)

Ich habe mit Vergnügen den Artikel über die Filmindustrie „Bollywood" gelesen. Eine Korrektur habe ich allerdings anzumerken. Es stimmt, dass Indien die größte Filmindustrie der Welt hat und dass dort zwischen 800 und 900 Filmen jährlich gedreht werden, aber nicht nur in Bombay, sondern auch in zahlreichen anderen Studios des Landes.

Yvonne Schönherr, Hamburg, per E-Mail

Anmerkung der Redaktion: Frau Schönherr hat Recht. Wir bedauern den Fehler.

Ich lebe seit über 17 Jahren in Auroville und habe mich sehr über den Beitrag von Hanne Tügel gefreut. Es ist sehr schwer, über ein so komplexes Thema wie Auroville zu berichten, und ich finde, es ist ihr gut gelungen. Der Gangster Veerappan, den Sie im Heft porträtieren, ist übrigens nach Erscheinen des Heftes von der Polizei erschossen worden.

Walter Wagner, Auroville, per E-Mail

SPECIAL POLEN (AUGUST 2004)

Herzlichen Dank für das schön aufgemachte, lesenswerte GEO Special Polen. Interessant ist die Darstellung des deutsch-polnischen Verhältnisses aus verschiedenen Sichtweisen auf Seite 98 ff. Mir ist da so manches klar geworden beim Lesen.

Reinhold Rankl, Leonberg, per E-Mail

GEO SPECIAL HIMALAYA

Der Bericht über Nyingtobling hat uns sehr geholfen. Die Spenden aus Deutschland nahmen im letzten Jahr um 300 000 Rupien zu. Die Kinder haben jetzt einfache Räume, um zu schlafen, zu essen, zu lernen und zu beten, aber die laufenden Kosten machen uns große Sorgen, und wir sind für weitere Spenden sehr dankbar.

Nawang Lhamo, Nyingtobling Heim für behinderte Kinder, Dharamsala, Indien

Anmerkung der Redaktion: Wir leiten Kontonummer und Kontaktadresse von Nyingtobling gern weiter. Bei Interesse schreiben Sie uns bitte oder schicken Sie eine Mail an hanig.florian@geo.de

GEO Special

Gruner + Jahr AG & Co KG, Druck- und Verlagshaus,
Am Baumwall 11, 20459 Hamburg.
Postanschrift für Verlag und Redaktion:
20444 Hamburg, Telefon 040 / 3703-0, Telefax 040 / 37 03 56 48.
E-Mail: briefe@geo.de; GEO-Explorer: www.GEO.de

CHEFREDAKTEUR: Peter-Matthias Gaede

STELLVER. CHEFREDAKTEUR: Michael Schaper

GESCHÄFTSFÜHRENDE REDAKTEURE: Florian Hanig (Text), Ruth Eichhorn (Fotografie), Jutta Krüger (Art Direction)

ART DIRECTOR: Beate Meding

TEXTREDAKTION: Dr. Andreas Weber, Brigitte Gajser (Reise-Service)

BILDREDAKTION: Sabine Wuensch

DOKUMENTATION: Dr. Arno Nehlsen, Jörg Melander, Andrea-Rebecca Flörke

KARTOGRAPHIE: Rainer Droste, Stefanie Peters; Thomas Wachter (freie Mitarbeit)

SEKRETARIAT: Susanne Göttsche, Hella Strepp

HONORARE/SPESEN: Angelika Györffy

SCHLUSSREDAKTION: Hinnerk Seelhoff, Antje Wischow
Assistenz: Hannelore Koehl

MITARBEITER DIESER AUSGABE:
Lars Abromeit, Jörg Uwe Albig, Wolfgang Bauer, Barbara Baumgartner, Tom Dauer, Reinhard Doppelreither, Ute Eberle, Robert Macfarlane, Andreas Kilb, Meike Kirsch, Manuel Nitsche, Alexandra Rigos, Barbara Schaden, Barbara Schaefer, Tim Schröder, Samiha Shafy, Olaf Tarmas, Ludmilla Tüting, Michael Vogeley

VERANTWORTLICH FÜR DEN REDAKTIONELLEN INHALT:
Peter-Matthias Gaede

REDAKTIONSBÜRO NEW YORK: Nadja Masri (Leitung), Brigitte Barkley, Wilma Simon, Anuschka Tomat (Sekretariat)
375 Lexington Avenue, New York, NY 10017-5514,
Tel. 212-499-8100, Fax 212-499-8105, E-Mail: geo@geo-ny.com

VERLAGSLEITUNG: Dr. Gerd Brüne, Ove Saffe
ANZEIGENLEITERIN: Anke Wiegel
VERTRIEBSLEITERIN: Ulrike Klemmer
MARKETINGLEITER: Florian Wagner
HERSTELLER: Oliver Fehling

ANZEIGENABTEILUNG
Anzeigenverkauf: Korinna Koschek,
Tel. 040 / 37 03 22 48, Fax 040 / 37 03 57 73
Anzeigendisposition: Marco Schütze,
Tel. 040 / 37 03 23 27, Fax 040 / 37 03 57 73
Es gilt die Anzeigenpreisliste Nr. 31 vom 1. 1. 2004
Bankverbindung: Deutsche Bank AG Hamburg,
Konto 0322800, BLZ 200 700 00

Druck: Gruner+Jahr AG & Co KG
Druck- und Verlagshaus, Itzehoe/Holstein

GEO ist auf Papier gedruckt, das aus einem Drittel – ausschließlich chlorfrei gebleichtem – Zellstoff, aus einem Drittel Durchforstungsholz und einem Drittel Altpapier hergestellt ist
Printed in Germany

GEO-SPECIAL-LESERSERVICE

FRAGEN AN DIE REDAKTION
Telefon: 040 / 37 03 20 73,Telefax: 040 / 37 03 56 48
E-Mail: briefe@geo.de

ABONNEMENT- UND EINZELHEFTBESTELLUNG

ABONNEMENT Deutschland
Bestellungen
Gruner + Jahr AG & Co KG
GEO-Kundenservice
20080 Hamburg
Telefon: 01805 / 861 80 03
(12 Cent/Min.)

Heftpreis im Abonnement: 6,65 €
Kundenservice allgemein
Mo–Fr 7.30 bis 20.00 Uhr
Sa 9.00 bis 14.00 Uhr
Telefon: 01805 / 861 80 03
(12 Cent/Min.)
Telefax: 01805 / 861 80 02
(12 Cent/Min.)

ABONNEMENT ÖSTERREICH
GEO-Kundenservice
Postfach 5, A-6960 Wolfurt
Telefon: 0820 / 00 10 85
Telefax: 0820 / 00 10 86
E-Mail: geo-special@abo-service.at

ABONNEMENT SCHWEIZ
GEO-Kundenservice
Postfach, CH-6002 Luzern
Telefon: 0041-41 / 329 22 20
Telefax: 0041-41 / 329 22 04
E-Mail: geo-special@leserservice.ch

ABONNEMENT ÜBRIGES AUSLAND
GEO-Kundenservice, Postfach, CH-6002 Luzern;
Telefon: 0041-41 / 329 22 20, Telefax: 0041-41 / 329 22 04
E-Mail: geo-special@leserservice.ch

BESTELLADRESSE FÜR GEO-BÜCHER, GEO-KALENDER, SCHUBER ETC.

DEUTSCHLAND
GEO-Versand-Service
Werner-Haas-Straße 5
74172 Neckarsulm
Telefon: 01805 / 06 20 00
(12 Cent/Min.)
Telefax: 01805 / 08 20 00
(12 Cent/Min.)
E-Mail: service@guj.com

SCHWEIZ
GEO-Versand-Service 50/001
Postfach 1002,
CH-1240 Genf 42

ÖSTERREICH
GEO-Versand-Service 50/001
Postfach 5000,
A-1150 Wien

BESTELLUNGEN PER TELEFON UND FAX FÜR ALLE LÄNDER
Telefon: 0049-1805 / 06 20 00, Telefax: 0049-1805 / 08 20 00
E-Mail: service@guj.com

ISBN-Nr. 3-570-19457-4 ISSN-Nr. 0723-5194

Fotovermerke nach Seiten. Anordnung im Layout: l. = links, r. = rechts, o. = oben, m. = Mitte, u. = unten

TITEL: Ralf Gantzhorn

SEITE 3: Klaus Fengler: o.; Ralf Kreuels/laif: m.

SEITE 4: Matthieu Paley: o.; Miles Ertman/Masterfile: m.; Richard Dobson: l. u.; Bernd Ritschel/Lightwalk: r. u.

SEITE 4/5: Karen Kasmauski/NGS/Corbis

SEITE 5: Ralf Kreuels/laif: o.; Klaus Fengler: m.; Stefan Volk: u.

HABITAT
Stiftung Archiv der Akademie der Künste, Archivabteilung Baukunst: 6 (2), 7 r. u.; Stiftung Archiv der Akademie der Künste, Archivabteilung Baukunst. Aus: „Bruno Taut – Alpine Architektur", Prestel Verlag, 2004: 7 o. und l. u.; Rainer Droste & Thomas Wachter: 8/9

STUFEN ZUR EWIGKEIT
Galen Rowell/Mountain Light: 12/13; Craig Lovell/Corbis: 14/15; Daryl Benson/Masterfile: 16/17; Lorenz Andreas Fischer/Allvisions: 18/19; Art Wolfe: 20/21; Paul Souders/Getty: 22/23; Ralf Gantzhorn: 24/25

GEGEN DIE WAND
Klaus Fengler: 32–40

DAS KREUZ MIT DEM GIPFEL
Robert Bösch: 42; Homer Sykes/Corbis: 43 o.; Phil Schermeister/Corbis: 43 u.; aus: „Understanding Earth", Frank Press & Raymond Siever/W.H.Freeman and Company ©1994-2004: 44

GRUPPENTOUR DURCHS GEISTERREICH
Stefan Volk: 46–57

DIE HÖHE TREIBT SELTSAME BLÜTEN
Roland Spohn: 58 (3), 59 l. u. und r. u., 60 (3); Grant Dixon/The Hedgehog House: 59 o.; Shaun Barnett/The Hedgehog House: 59 u. m.

EIN BETT IM SCHNEEFELD
Courtesy Hotel Salto Chico/explora en Patagonia: 62/63; Bernd Ritschel: 64; Jake Wyman: 65; Miles Ertman/Masterfile: 66/67; Vigilius Mountain Resort: 68 o.; Machu Picchu Sanctuary Lodge/Orient-Express Hotels: 68 u.; Courtesy Amanresorts: 70 (2)

DIE GIPFEL DER ENTBEHRUNG
Ralf Kreuels/laif: 72–84

AUF DER ALM, DA GIBT'S KOAN SCHNEE
Peter Mathis/Photoagentur Lammerhuber: 86/87; Hotel Madlein: 87, 89; Bergbahnen Flachau GmbH: 88; Bernd Ritschel/Lightwalk: 92 o.

ENTSCHEIDUNG AM CERRO TORRE
Thomas Ulrich/Visual Impact: 94/95, 96 l., 97, 98 (2), 100 u.; Luciano Eccher: 95; Stephan Sigrist/Visual Impact: 96 r.; Carsten von Birckhahn/Visual Impact – Kartographie: Rainer Droste: 100 o.

KINO IM HÖHENRAUSCH
Museo Nazionale della Montagna, Torino: 102 l. und l. m.; akg-images: 102 r. m. und r., 103 o. und l. u.; United International Pictures/Album/akg-images: 103 m. u.; Tri Star Pictures/Album /akg-images: 103 r. u.; George Ken/Columbia Pictures/Album/akg-images: 104 l.; David Appleby/Mandalay Entertainment/Album/akg-images: 104 m.; Kevin Macdonald/Darlow Smithson Productions/Pathé International: 104 r.

WEGE AUS DER STILLE
Richard Dobson: 106–114

FISCHZUG AM VIERTAUSENDER
Bernd Christiansen: 116/117 u. (5); 118; Steinkoralle: Bernd Christiansen – Foto: Cati Schmid 117 o.

MIT 50 YAKS ÜBER DEN HINDUKUSCH
Matthieu Paley: 122–135

REISE-SERVICE
Richard Dobson: 138 o., 142 u.; Hubert Nagl: 138 m. o., 144 (2); Florian Wagner/Agentur Focus: 138 m., 146; Christophe Boisvieux/Gamma: 138 m. u., 149; Colin Monteath/The Hedgehog House: 138 u., 156; Peter Mathis/Photoagentur Lammerhuber: 139; www.tappeiner.it: 140; Jeanette Meier Kramer/ImagePoint: 142 o.; Stephan Traber/ImagePoint: 143; Daniel Vonwiller/ImagePoint: 145 o.; Archiv DAV Kletterzentrum München: 145 u.; Brett Shearer/Lonely Planet Images: 148; Ralf Gantzhorn: 150, 151; Tom Bean/Corbis: 152; Michel Denis-Huot/Gamma: 154;

VORSCHAU
Layne Kennedy/Corbis: 161 o.; Bernhard Edmaier: 161 l. u.; Ina J. Gecke: 161 r. u.

INTERVIEW
Hermann Rupp: 162 l.; Toni Freudig: 162 r.

KARTEN
Stefanie Peters: 38, 129; Thomas Wachter: 57; Rainer Droste: 84, 112, 114, 118; Thomas Wachter & Rainer Droste: 158/159

Vorschau

Alle reden vom Wetter, wir nicht: Ein Bad in Reykjavíks »Blauer Lagune« erhellt auch trübe Tage. Dazu: Kieselschlamm-Peeling

Grönland heute: die Rockband Chilly Friday

Mit Islandpferden über Gletscher

Abgetrieben: Urlaub auf einer Eisscholle

Leben am Limit auf Spitzbergen

Belugas: Weiße Wale, dunkles Meer

Küche: Wie schmeckt verfaulter Eishai?

Musik: Warum fasziniert uns Björk?

Atom-U-Boote: Schleichfahrt zum Pol

NORDMEER

Von drei Inseln handelt das nächste Heft, von Island, Grönland und Spitzbergen. Und von deren Bewohnern. Kickenden Grönländern, die von Rasenplätzen träumen; Isländern, die über Gletscher reiten; und Spitzbergenern, die mit dem Schneemobil zum Einkaufen fahren. Drei Inseln, drei Kulturen, drei Landschaften – karg und leer und doch so schön, dass man ihnen leicht verfällt. Dass man erkrankt am »arktischen Virus«. Die Symptome: Sehnsucht nach Kälte, Klarheit, Einsamkeit.

Warum sind Islandpferde so robust? Weil die Winter lang sind. Weil die Landschaft karg ist. Wie im Süden Islands, wo Schmelzwasserflüsse des Mýrdalsjökull einen moosbegrünten Vulkankegel umspülen

Die zuletzt erschienenen Ausgaben:

England und Wales Nr. 3/2004

Polen Nr. 4/2004

Indiens Süden & Sri Lanka Nr. 5/2004

Die folgenden Ausgaben:

EUROPAS SCHÖNSTE GÄRTEN

BAYERN

AUSTRALIEN

Das GEO Special »Nordmeer« erscheint am 2. Februar 2005

… Forscher unter einer Lawine?

Martin Engler (42), Bergführer, Buchautor und Heilpraktiker, untersucht seit über 20 Jahren Schneelawinen – auch im Selbstversuch

Wie sind Sie zum Lawinenforscher geworden?

Ich war schon als Kind von Lawinen fasziniert. Mit elf, zwölf Jahren habe ich angefangen, an Hängen kleine Schneerutsche auszulösen, als Jugendlicher durften es dann auch mal richtig große Lawinen sein. Jugendsünden …

Was hat Sie daran so gefesselt?

Vor allem die Urgewalt eines solchen Naturschauspiels: Man fühlt sich plötzlich sehr klein und zugleich sehr lebendig, wenn man mit so einer Naturgewalt konfrontiert ist. Hinzu kam eine Art Triumphgefühl: Ich konnte mit einem Schneeball oder einem Stein riesige Schneemassen mit gigantischen Staubwolken entfesseln.

Und das ging immer gut?

Ich habe so etwas natürlich nur an absolut menschenleeren Hängen gemacht und aus sicherer Entfernung zugeschaut. Später habe ich mich dann systematisch mit Lawinen beschäftigt.

Sie haben sich in selbst ausgelöste Lawinen begeben, um zu testen, wie man sich am besten verhält …

… aus heutiger Sicht ein völlig unverantwortlicher Leichtsinn. Unser Team hatte zwar sehr sorgfältig einen Hang ausgesucht, an dem es zu keinen großen Verschüttungstiefen kommen konnte, und zunächst verlief auch alles wie geplant. Doch als wir nach dem Lawinenabgang den Hang untersuchten, haben wir dadurch unbeabsichtigt eine zweite Lawine ausgelöst, die mir fast zum Verhängnis geworden wäre. Ich bin wohl der einzige Mensch, der innerhalb von einer Viertelstunde am selben Hang zweimal in eine Lawine geraten ist.

Wie ist das Gefühl, von einer Lawine erfasst zu werden?

Es ist das Gefühl von absoluter Machtlosigkeit: Der ganze Hang ist in Bewegung, man sieht nichts vor lauter Staub, man überschlägt sich mehrere Male. Alles geht sehr schnell und überraschenderweise sehr leise vor sich.

Wie überlebt man so eine Situation?

Es gibt einige Grundregeln, mit denen man seine Überlebenschancen steigern kann: Man darf sich nie gegen die Lawine bewegen, sondern muss immer mit ihr treiben – im Idealfall rudert man mit den Armen auf der Oberfläche …

Man surft auf der Lawine?

Dieses Wort will ich eigentlich vermeiden, denn es suggeriert eine falsche Sicherheit oder eine Art von Spaß oder Kick. Aber im Prinzip stimmt der Vergleich: Wenn man als Snowboarder mit hoher Geschwindigkeit parallel zur Fließrichtung in eine Lawine rast, kann ein ähnlicher Effekt wie beim Surfen zustande kommen. Lawinen fließen an der Oberfläche wesentlich schneller als in den tieferen Schichten. Wer auf Skiern in eine Lawine gerät, sollte daher versuchen, die Spitzen zur Fließrichtung auszurichten, unter allen Umständen über der Oberfläche zu halten und die hinteren Enden nach unten zu drücken – so erhält man eine Art Auftrieb. Wir haben diese Experimente und Erkenntnisse allerdings nie publiziert, weil wir Angst hatten, dass man uns falsch versteht und die immense Gefahr verharmlost wird.

Haben Sie heute noch Angst vor Lawinen?

Ich stelle immer wieder fest, dass ich im Gelände mehr Angst vor Lawinen habe als jeder andere. Ich hab's halt hautnah erlebt und weiß, dass sich eine bezaubernde, friedliche Winterlandschaft blitzartig verwandeln kann – auch an Hängen, die für Laien völlig harmlos aussehen.

Interview: Olaf Tarmas

Surfen mit dem Tod: Martin Engler (kleines Foto) und die Mitglieder seines Teams lassen sich von ihrem Forschungsthema mitreißen – nicht immer freiwillig